…されたひみつ

お札《さつ》…ふせぐためにいろいろな工夫《くふう》がされています。世界でもトップレベルといわれるその技術《ぎじゅつ》を手に取ってたしかめてみましょう。

ななめのギザギザ

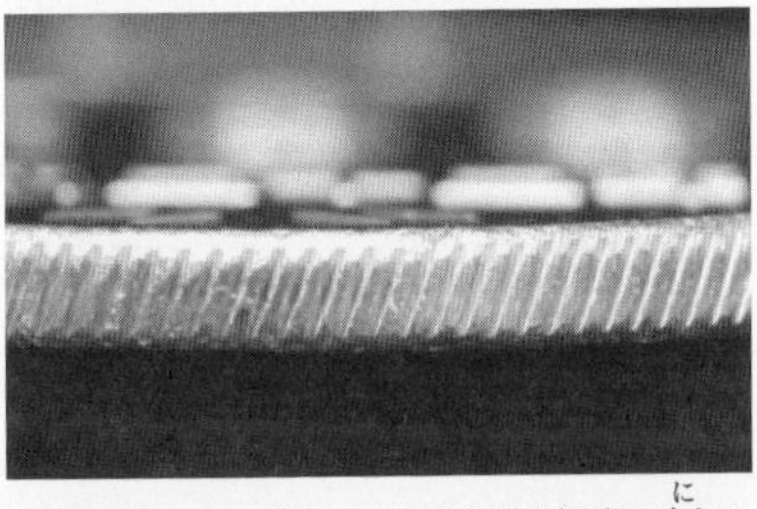

ななめにきざまれたギザギザは似《に》せて作るのがむずかしい技術《ぎじゅつ》です。

見えかくれする文字

角度を変《か》えて見ると、“0”の中に“500円”の文字があらわれます（潜《せん》像加工《ぞうかこう》）。

細かい金属加工《きんぞくかこう》

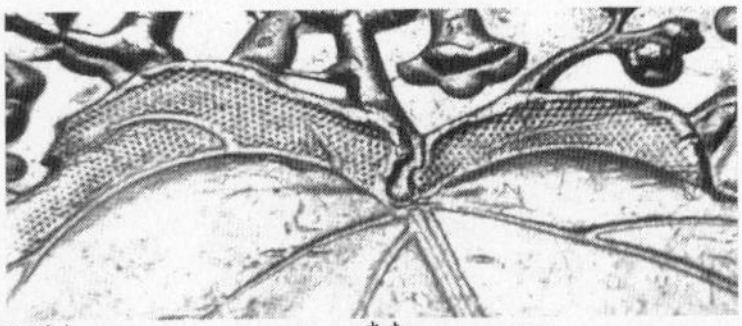

よく見ると、髪《かみ》の毛より細い線（微細線《びさいせん》）や、小さい穴《あな》（微細点）が開けられていて、とても高度な金属加工の技術が使われています。

写真提供：独立行政法人造幣局

貝貨《ばいか》（紀元《きげん》前16～8世紀）

古代中国ではコヤスガイがお金として使われました。（32ページ）

布幣《ふへい》（紀元前8～5世紀）

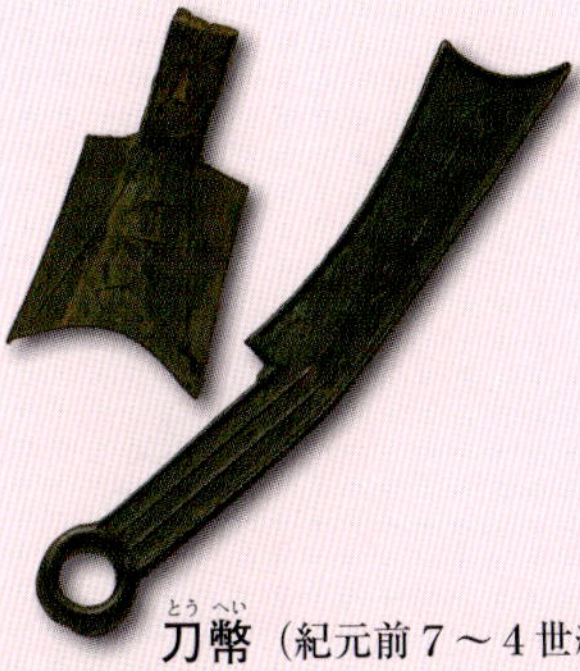

刀幣《とうへい》（紀元前7～4世紀）

刀や農具など、いろいろな形をしたお金がありました。（33ページ）

慶長小判《けいちょうこばん》

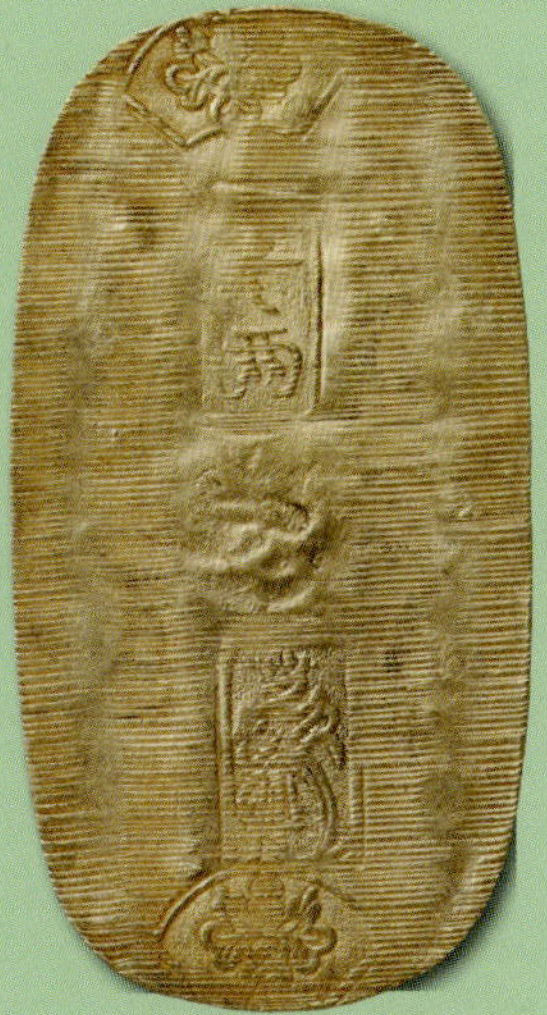

天保一分銀《てんぽういちぶぎん》

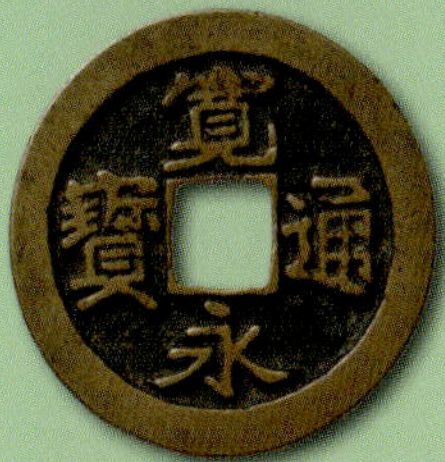

寛永通宝《かんえいつうほう》（銅一文銭《どういちもんせん》）

江戸時代には金・銀・銅《どう》などの貨幣《かへい》が使われていました。（34ページ）

写真提供：日本銀行貨幣博物館

写真提供：東京シティ青果

野菜《やさい》や魚の値段《ねだん》は、市場で買い手と売り手のやりとりによって決められています。(58ページ)

写真提供：独立行政法人国立印刷局

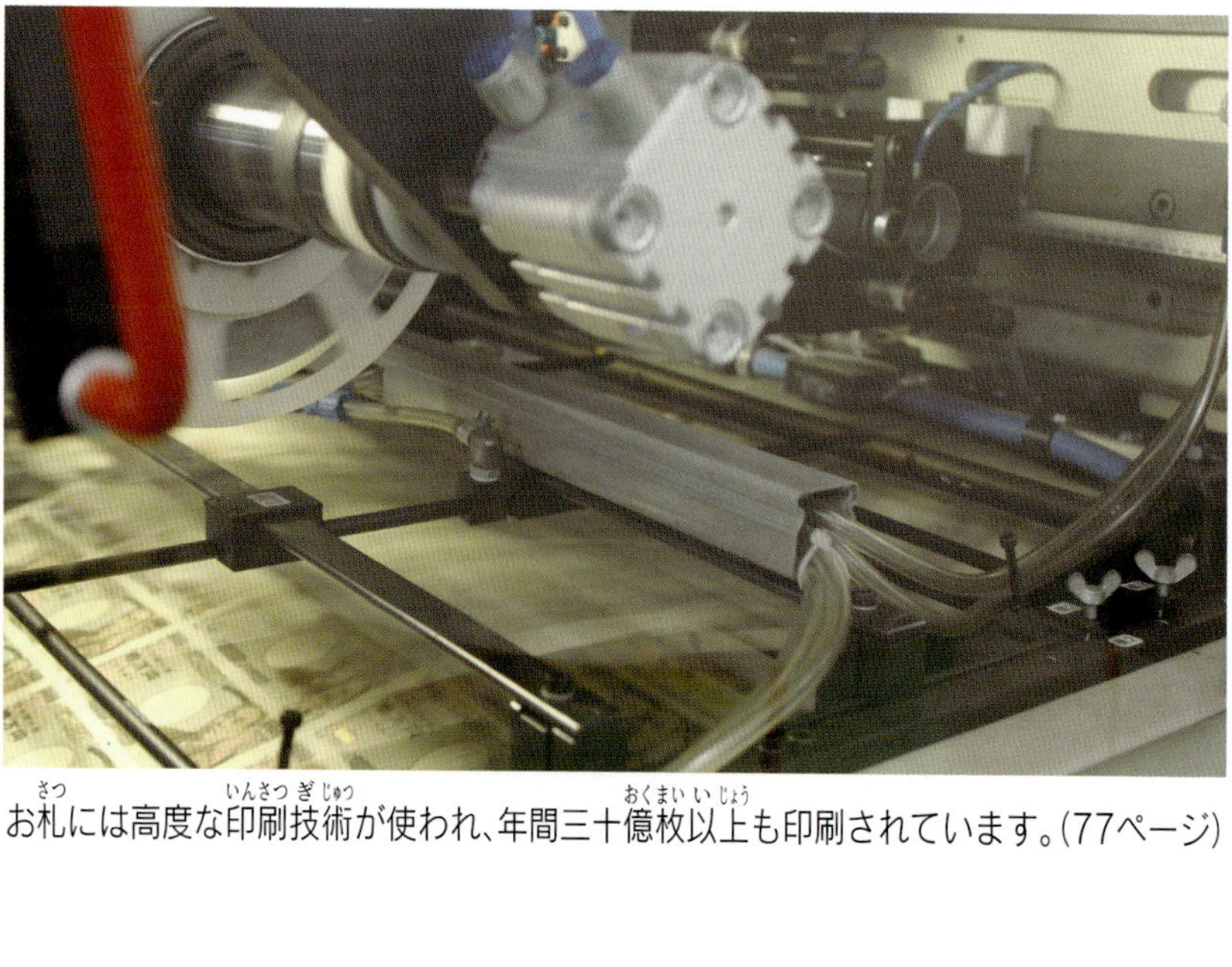

お札《さつ》には高度な印刷技術《いんさつぎじゅつ》が使われ、年間三十億枚以上《おくまいいじょう》も印刷されています。(77ページ)

明《あか》石《し》海峡《かいきょう》大橋《おおはし》（兵庫県）

写真提供：本州四国連絡高速道路㈱

橋や道路など、国民みんなで使うものは集められた税金《ぜいきん》でできています。(94ページ)

写真提供：防衛省

公園の遊具や災害《さいがい》の救援《きゅうえん》など、社会のあらゆるところに税金が使われています。(94ページ)

港から輸出《ゆしゅつ》されるたくさんのコンテナ。貿易《ぼうえき》で動くお金は円高・円安に大きな影響《えいきょう》を受けます。（104ページ）

たくさんある商品の中から、自分に必要《ひつよう》なものを計画的《てき》に買うことが大切です。（121ページ）

ちしきのもり

500円玉の旅

～お金の動きがわかる本～

泉 美智子

少年写真新聞社

もくじ

はじめに

わたしたちがくらしていくには、たくさんのものが必要《ひつよう》です。食べるもの、着るもの、住むところ……。でも、それらは、お金がなくては手に入れることができません。そう考えると、お金がどんなに大切なものかがわかりますね。

みなさんは、これから、それぞれの夢《ゆめ》に向かって、一生けん命生きていくことでしょう。そういう夢をかなえるためにも、お金のことをよく知っておくことは、とても大事です。

このお話に登場するモモコちゃんは、お金のことをよく知りません。なんとなく「お金は大切なもの」ということはわかっていても、銀行にお金を預《あず》けるとどうして利子《りし》がつくのか、ものの値段《ねだん》はどうやって決まるのかなどはわかりません。そのモモコちゃんが、ある日あらわれた五〇〇円玉の妖精《ようせい》、ゲンといっしょに、いろいろな冒険《ぼうけん》をして、お金のことを学びます。

さあ、あなたも、モモコちゃんといっしょに、お金について学ぶ旅に出かけましょう。そして、お金のことを、もっともっと知ってください。あなたの大きな夢をかなえるために……。

このお話の登場人物

モモコ

小学5年生になったばかりの女の子。今までお金について深く考えたことはありません。ややお調子者。

ゲン

モモコの前にあらわれた500円玉の妖精《ようせい》。お金の動きについてとてもよく知っています。

第一章

お金ってなんだろう？

今あるお金（硬貨《こうか》と紙幣《しへい》）をながめながら、物物交かんの時代、貝がお金だった時代、金貨や銀貨の時代へとタイムスリップし、交かんの手段《しゅだん》、価値《かち》の尺度《しゃくど》、価値の保存《ほぞん》という、お金の三つの役割《やくわり》について学びましょう。

旅の始まり

「はい、モモコ、今月のおこづかい。大事に使いなさいよ」

「やったー、サンキュー」

モモコは、お母さんからもらったおこづかいを、右手でぎゅっとにぎりしめました。そして、ゆっくり手を開くと……、キラリ。ぴかぴかの五〇〇円玉が、手のひらの上にありました。金色にかがやいていて、一〇〇円玉や一〇〇円玉よりもずっと大きく感じられます。

今日は四月一日。モモコは、今日から五年生です。そして、今日は、五年生になってはじめておこづかいをもらう日です。モモコの家では、四年生は四〇〇円、三年生は三〇〇円……とおこづかいが決まっていました。

「じゃあ、お母さん、買い物に行ってくるからね」

「はあい、行ってらっしゃい」

お母さんが出ていくと、家の中は急にシーンとなりました。

モモコは、テーブルの前のいすから立ち上がりました。はじめてもらった五〇〇円の使い道を、モモコは二階にある自分の部屋でゆっくり考えてみようと思ったのです。

モモコは、五〇〇円玉を持ったまま、軽やかに階段《かいだん》をのぼりました。トントントン。そして階段の上に着いた……はずだったのですが、さいごの段に足を乗せようとするときに、バランスをくずしてしまいました。

「あっ」

モモコは、かろうじて階段の上に立っていましたが、体勢《たいせい》を立て直そうと右手を大きくふったものですから、そのひょうしに、持っていた五〇〇円玉が、ヒューっと、とんでいってしまいました。五〇〇円玉は、たまたまドアが開いていたモモコの部屋の中にまでとびこんでいってしまいました。

「おーい、五〇〇円玉くーん。どこだーい。いたら返事してー」

モモコが部屋に入り、ベッドの下をのぞきこむと、おくのほうで、何かがキラリ、と光ったように見えました。そこで手をのばしたとき……。

「ここだよー。こっちだよー」

と、声がしたような気がしました。モモコは、あたりを見回します。

「ここだってば」今度ははっきりした声でした。

「きゃあ、だれ？」

モモコは、ベッドの前に、ぺたんとすわってしまいました。

「だから、ゲンだよ。五〇〇円玉のゲン」

ベッドの下から、モモコの前に、きりのような、もやのような、白いけむりのようなものがすうっと立ちのぼり、やがて、それは、小さな子どものようなすがたになりました。第一印象《いんしょう》というのでしょうか、ぱっと見た感じは、きざで、ちょっと意地悪そうでした。

「あ、あんただれよ。勝手に入ってこないでよ」

モモコがそう言うと、あらわれた子どもはえらそうに答えました。

「そっちがよぶから、返事もして、出てきてやったのに、なんて言われようだろう」

「『よぶ』って、だれが、だれを？」

「きみが、ぼく、つまり、五〇〇円玉のゲンをだよ」

　モモコは、ようやく事態《じたい》がのみこめてきたようです。どうやら五〇〇円玉の妖精《ようせい》とでもいうものがあらわれたようなのです。名前はゲン。信《しん》じられませんでしたが、夢《ゆめ》でもないようです。

「わかった？　お金を大切にしなって言いにきたんだ。放り投げるなんてひどいなあ」

　モモコは、どきっとしました。それは、いつもお母さんに言われていることと同じだったからです。

「そ、そんなのわかってるよ。あれは、ちょっとバランスをくずして……」

　モモコの声が、だんだん小さくなります。それでも、意地をはって、

「わかったから、もとの五〇〇円玉にもどってよ」

と言ってみましたが、ゲンは、そしらぬ顔で、部屋を見回しています。

「どうしてお金が大切か、本当に知るまでは、もとにもどらないよ」

「そんな！」

「それに、そのほうが、きみもきっと楽しいだろうと思うよ。お金のこと、いろいろ教えてあげるよ」

「まあ、えらそうに。あんただって子どものくせに、わたしに教えることなんてできるの？」

「そりゃあ、お金の妖精《ようせい》だからね。なんにも知らないきみに教えるくらい、わけもないさ」

「でも、わたし、いそがしい……」

と言いかけて、春休みだし、いそがしくはないかと思い直しました。

この五〇〇円玉の妖精はちょっとなまいきそうだけど、お金のことを教えてもらうのも悪くはないかなと思って言いました。

「わかったわよ。じゃあ、教えてみなさいよ」

教えてもらうほうがいばっているのもちょっと変《へん》ですが、そんなわけで、モモコとゲンのお金のことを知る旅が始まったのです。

貨幣《かへい》ってなんだろう

「ところで、きみは、モモコっていうらしいね」

ゲンが、モモコを見て言います。

「うん、わたし、モモコ。小学校五年生。……と言っても今日なったばっかりだけどね」

「ねえねえ、妖精《ようせい》ってさ、自由にとんだり、消えたりできるんでしょ」

モモコは、小さいころに絵本で見た妖精のことを思い出したのか、いきなりそんなことを聞きます。さっきはゲンを見て悲鳴を上げていたはずが、もうなれなれしく話しています。

「そりゃ、それくらいはできなくないけど……」

「じゃあやってよ」

「うーん。子どもだましだぜ」

「子どもだからいいもん」

そのとき、ゲンのすがたがぱっと消えたかと思うと、大きな一円玉があらわれました。

「わあ。大きい！」

「まずは、『お金とはどういうものか』ってことから説明《せつめい》するか。きみには、初歩《しょほ》の初歩から説明したほうがよさそうだ」

ゲンの声だけがします。

「これも、お金のひとつ」

「一円玉は、お母さんが、『つい財布《さいふ》の中にふえちゃう』って言ってる」

モモコの目の前を、大きな一円玉がふわふわとうかんでいます。

「でも、ゲンって、五〇〇円玉じゃなかったっけ」

「そうだ、本当のすがたは五〇〇円玉さ。でも、きみにお金のことを教えるために変身《へんしん》してやってるんだ」

一円玉が次に五円玉に変《か》わりました、つづいて一〇円玉に変身《へんしん》します。そして、次に五〇円玉、さいごは一〇〇円玉です。

「今見たのは、いろいろなお金だ」

「それぐらいは知ってるよ」

「お金はほかにもある」

そう言うと、千円札《さつ》、二千円札、五千円札、一万円札に変《か》わりました。

「めんどうだから、いっぺんに変身してみた」

「すごーい。大金持ちだ！」

「こういうのもお金だ」

「そうそう。わたし、一万円札はまださわったことないんだ」

モモコがそう言って、一万円札をさわろうと手をのばすと、一万円札は、ひょいとにげていってしまいます。

「意地悪」

モモコのほっぺたが、焼《や》いたおもちのように、ぷうっとふくらみます。お札に変身していたゲンが、もとの子どものすがたにもどりました。

「さあて、ここでクイズだ」

クイズと聞いて、モモコは、ゲンのほうをじっと見ます。

「わたし、クイズ大好《す》きなんだ。早く出して」

「最初《さいしょ》に見せた一円玉や五円玉から五〇〇円玉までのお金と、千円札から一万円札までのお金の、ちがうところは、どんなところだ？」

「は？」モモコは首をかしげます。

「何それ。かんたんすぎ！　金属《きんぞく》と紙のちがいに決まってるじゃない。クイズになってない」

ゲンは、少し笑《え》みをうかべます。

「さすがにかんたんすぎたようだな。幼稚園《ようちえん》レベルだった」

「幼稚園の子だって、そんなのわかるよ」

「たしかに。じゃあ、金属《きんぞく》のお金と紙のお金のそれぞれのよび方をなんというか知っているか？」

今度は、モモコも、だまって考えています。

「うーん、聞いたことはある気がする。なんだったかなあ」

「ちょうどいいレベルのクイズだったようだな」

「いいから、何よ、教えてよ」

「金属のお金は、硬貨《こうか》やコイン、紙のお金は、紙幣《しへい》という。思い出したか」

「うーん。びみょうなところね」

「なんだそりゃ」

「いいから、説明《せつめい》して」

「ああ、なんだったかな。そう、お金とはどんなものかを言おうとしていたんだ。お金には、硬貨と紙幣があって、どちらも、ものと交かんできるという特《とく》ちょうがある」

「お金とものを交かん？　あ、買うってことだよね。そんなの当然《とうぜん》じゃない」

「当然だと思うことを、なぜだろうとかえりみることから研究が始まるんだ」

「大げさだよ」

「大げさじゃない。考えてみろ」

と、ゲンが右手をさし出すと、その手のひらに、千円札《さつ》があらわれました。

「千円札っていったって、実は紙なんだぞ」

「まあね」

「どうして紙でものが買えるんだ？

不思議《ふしぎ》じゃないか？」

モモコは、はっとした顔で考えます。

「そうだね。紙だ。それに五〇〇円玉だって、鉄か何かだもんね。それでものが買えるなんて、たしかに不思議《ふしぎ》だなあ」

ゲンは、自分のことを「鉄かなにか」などと言われて、きげんを悪くしたようです。

「鉄か何かじゃなくて、銅《どう》、アルミニウム、ニッケルをまぜた金属《きんぞく》だぞ。そんなことより、たしかに、今モモコが言ったように、お金は、紙や金属で作られていて、それ自体はそんなに価値《かち》のあるものではない」

「そうだね」

「でも、昔のお金は、価値の高いものが使われていたことが多い」

「へえ。どんな？」

「たとえば、金《きん》」

「あ、知ってる。小判《こばん》だ。テレビで見た」

「そうそう。あれは金でできたお金だ」

「金って、すごく高いんでしょ。お父さんが言ってた」

「さて、そろそろ行くことにするか。行ったほうが早いからな」

「行くって、どこに?」

「お金ができたころの世界へ」

「え、どこ?」

ゲンは、にやっとわらいました。

「行くぞ。びっくりするなよ」

そのとたん、まわりの景色《けしき》がびゅんびゅん流れるように動き出しました。

ゆれないジェットコースターに乗っているようです。モモコは、手で目をおおいそうになりましたが、そのとき、まわりの景色の動きがゆっくりになり、ぼうっとしていた風景《ふうけい》が、だんだんはっきりしてきました。

どうしてお金が生まれたの？

「このへんかな」

ゲンのことばで、モモコは、はっとしました。まわりを見ると、のどかな風景《ふうけい》がどこまでも広がっています。たくさん、とまではいきませんが、一〇人よりは多い人々のすがたが見えます。でも、その人たちのすがたは、なんだか変《へん》です。見たこともないような衣服《いふく》を着て、みんなはだしです。何人かの人が話をしていますが、何を言っているのか、さっぱりわかりません。

「ねえ、ここはどこなの？」

「中国だ」

「え、そうなの？　万里《ばんり》の長城《ちょうじょう》に行きたい！」

「四〇〇〇年くらい前の中国だから、万里の長城はまだないなあ……」

「なあんだ。……って、よ、よんせんねん？」

「ああ。お金ができるかできないかっていうころを見せようと思ってさ」

「わたしたち、タイムマシンに乗ったってこと?」

「うーん、まあ、そういうことかな。ぼくたちのすがたはほかの人からは見えないし、話し声も聞こえないから安心して」

モモコは、それを聞くと、話をしている人のほうにどんどん近づいていきました。

「おいおい、待て」

ゲンが言いましたが、モモコはそれを気にせず歩いていき、話している人のすぐとなりに立ちました。

「ねえ、何を話してるかわからないよ」

追いついたゲンが言います。

「じゃあ、わかるようにしてやろう」

ゲンが指をパチンと鳴らしたその瞬間《しゅんかん》、話している人の会話がわかるようになりました。

広場のような所で向かい合って話しているのは、中年の男の人と、年をとったおばあさんです。

「さっきとってきたばかりのこの魚、そのつぼと交かんしておくれ」

おばあさんが言います。

「おお、うまそうな魚だなあ。でもこのつぼも、何日もかけて作ったとてもいいものだぞ。魚なんびきと交かんしたい？」

「うーん、そうだな、さ、三びきでどうだい。大きいのを一ぴき入れておくからさあ」

男は考えています。

「うちは、五人家族なんだよ。五ひきでどうだい」

「それじゃあ、持ってきた魚全部になってしまうのう。ほかにもほしいものがあるし……。なら、その皿もつけておくれよ」

「うーん。よしわかった！　つぼと皿を……」

「魚五ひきと交かん」

二人は、それぞれ持っていたものを交かんしました。

モモコは、ゲンに聞きます。

「あれって、何してたの？」

「もののとものを交かんしていたんだ。『物物交かん』といって、おたがいに、ほしいものを交かんしたんだ。今のはうまくいったほうだな」

「うまくいかないこともあるの？」

「そりゃあるさ。あっちはどうかな」

ゲンが、モモコの前に立って歩いていきます。そこでは、おばさん二人が話をしています。

「この魚、二ひきでそのくしと交かんしない？」

「魚？　どれどれ？　あらあ、小さいわねえ」

いつの時代でもどこの国でも、おばさんはえんりょがないようです。

「くしはだめね。髪《かみ》をしばるひもならいいわよ。どう？」

「ひもはあるからいらないねえ。ほかをあたるからいいわ」

「あ、そう。その魚じゃ、だれも交かんしてくれないと思うけどね！」

二人の交しょうは、決れつしました。

「……まあ、こんなこともある」

「おたがいにほしいものが一致《いっち》しなけりゃだめだよね。ねえ、でも、みんなどうしてお金を使わないの？」

物物交かんがうまくいかなかった例《れい》

「だって、まだお金がない時代だからさ」

「え、そんな時代あるの？」

「あたりまえだ。お金は、人類《じんるい》の文明が発達《はったつ》するとちゅうで生まれたものなんだ」

「そうなんだ」

ゲンは、モモコに、お金ができるまでのことを話してくれました。

今から数百万年前に地球上にあらわれた人類は、長い間、狩《か》りをして動物の肉を食べたり、木の実を食べたりしてくらしていました。約《やく》一万年前になると、コムギやイネなどの植物を栽培《さいばい》し、その実を収穫《しゅうかく》して食べるようになりました。農耕《のうこう》の始まりです。このころには、人類は、土器《どき》や動物の骨《ほね》、青《せい》銅《どう》などの金属《きんぞく》でできた道具を使うようになっていました。そのうちに、食べ物や道具を交かんする必要《ひつよう》が起こりました。動物の狩りをする人でも、魚をじょうずにとれるとはかぎりません。自分がとった動物の肉を、魚をとるのがじょうずな人がとった魚と交かんすれば、自分で魚をとらなくても魚を食べられます。また、つぼを作る人は、くしも作れるわけではないかもしれません。この場合も、つぼとくしを交かんすればよいわけです。

物物交かんは、このようにして行われるようになったと考えられます。そして、定期的《てき》に物物交かんをする市《いち》のような場所もあったのではないかと考えられています。

ところが、物物交かんには、ふべんなことがあります。

まず、おたがいに、ほしいものが一致《いっち》しなければなりません。くしがほしい人に、つぼでは代わりになりません。おたがいにほしいものが一致する人どうしが出会うのは、けっこうたいへんなことだったかもしれません。

また、価値《かち》の基準《きじゅん》があいまいで、変《か》わってしまうこともあります。同じつぼと交かんするのに、ある人は、魚三びきだと思うかもしれませんし、べつの人は五ひきだと思うかもしれません。魚だと大きさや種類《しゅるい》、新鮮《しんせん》さによって、価値が変わってしまうこともあります。

文明がさらに発達《はったつ》し、いろいろなものが作り出され、人々の交流がさかんになると、物物交かんでは、やっていけなくなったことでしょう。

モモコがたずねます。

「それでお金ができたわけ?」

「まあ、そうだ。そのころに行ってみようか。現在《げんざい》から三〇〇〇年ほど前の中国だ」

まわりの景色《けしき》が、ひゅんひゅんと少し流れました。さっきいた時代より、少し後の時代に来たのです。

広場のような所に、人々が集まっています。

その一画に、いろいろな道具をならべているおばさんがいます。

「さあ、安いよ。大安売り!」

そのよび声に、何人かの人がよってきました。その中の一人の男が声をかけます。

「おばちゃん。このつぼいくらだい？」

「おや、見る目があるね。いいつぼだろう。貝十二個《こ》だよ」

「えっ、高いよ」

「高くないさ。こんなにできがいいのは、めったにないんだ」

「でも、そんなに貝を持っていないから買えないや」

「しかたないねえ。じゃあ、貝十個にしてあげるよ」

「うーん。八個ならなんとか」

「八個ではだめだね。九個でぎりぎりだ」

「しかたない。九個でもらおう」

男は、おばさんに貝をわたし、つぼを受け取りました。


「今のがお金ってことね」

「そうだ。お金ができたおかげで、お金さえあれば、何とでも交かんできるようになったんだ」

「でも、今の人、貝をわたしていたよ」

「中国では、昔、貝をお金として使っていたんだ」

「そうなの。でも、貝だったら、浜辺《はまべ》に行けばいっぱい拾えるんじゃないの」

「貝なら何でもいいというわけじゃなくて、コヤスガイという、あまりたくさんとれない、きれいな貝を使っていたんだ」

「へえ、おもしろい！」

「財《ざい》、貨《か》、資《し》、販《はん》のような、お金に関係《かんけい》することを表す漢字の中に『貝』が使われているのも、そのためなんだ」

「わお！」

「その後、中国では、お金は、主に青銅《せいどう》で作られるようになった」

そう言って、ゲンは、モモコに、昔中国で使われていたという青銅のお金を見せてくれました。

「これ、刀みたいだね」
「刀幣《とうへい》というんだ。変《か》わったお金だろう」

　こうして、わたしたち人類《じんるい》は、お金というものを使うようになりました。

　はじめ、お金は、貝や砂金《さきん》、稲《いね》、布《ぬの》などが使われました。みんなが価《か》値《ち》があると思っているもので、くさらないこと、持ち運びしやすいこと、細かく分けられることなどの条件《じょうけん》を満《み》たしたものがお金として使われるようになりました。

　やがて、お金は国が作るようにな

りました。材料《ざいりょう》は、金、銀、青銅《せいどう》などです。だれもが勝手にお金をつくれないようにしたのです。このような仕組みを貨幣制度《かへいせいど》といいます。

お金ができたおかげで、物物交かんのときにあったふべんは解消《かいしょう》されました。

日本ではじめてお金が作られたのは、七世紀《せいき》だと考えられています。富本銭《ふほんせん》とよばれるものですが、実際《じっさい》に使われたかどうかははっきりしません。

正式なお金が作られたのは八世紀初めのことで、和同開珎《わどうかいちん(ほう)》とよばれています。その後、何種類《しゅるい》ものお金が作られましたが、やがて日本ではお金は作られなくなります。鎌倉《かまくら》時代から室町《むろまち》時代にかけては、中国から入ってきたお金が使われていました。江戸《えど》時代には、江戸幕府《ばくふ》がふたたび金貨や銀貨などを発行していました。

和同開珎

写真提供：日本銀行貨幣博物館

お金の三つの役割《やくわり》

「ねえ、またべつの所に行こうよ」

モモコがゲンにねだります。

「遊んでいるんじゃないからな。お金について勉強しているんだぞ」

「はいはい。でも、どこか、ほかの所にも行きたいな」

「じゃあ、このクイズに答えられたらどこかにつれていこう」

「わあい」

「お金にはどんな役割がある？」

「うーん、なんか、またクイズじゃなくて、テストの問題みたい。ゲン、クイズの才能《さいのう》ないんじゃないの？」

「そ、そうかなあ？」

「ま、いいわ。えーと、お金の役割だよね。ヒントは？」

「いきなりヒントか？　少しは考えろよ」

「あはは。えーと、お金を使うと……。あ、わかった。ものが買えること」

「そう。まずひとつはそれだ。お金は、ほかのものと交かんすることができる。これを、『交かんの手段《しゅだん》』という」

「答えたから、どこかへつれてって」

「だめだ、答えはほかにもある。お金の役割《やくわり》は三つあるんだ」

「そんなこと言ってなかったじゃない。ずるい。つれてって！」

モモコの剣幕《けんまく》に、ゲンはあきらめたようです。

「わかった。つれていく」

「やったー」モモコはすっかりごきげんです。

またまた周囲《しゅうい》の景色《けしき》が流れ、やがて止まりました。

広い往来《おうらい》を、着物を着た人々がおおぜい、いそがしそうに行き来していま
す。往来の両側《りょうがわ》には、屋台や店が見えます。テレビの時代劇《げき》で見る江戸《えど》（現《げん》

在《ざい》の東京）の町のようです。

「まあ、どこでもいいんだが、日本にしてみたぞ。おや？」

モモコのすがたが見えません。

「おいてきてしまったのかな？」

ゲンが、まわりを見ると、近くのだんご屋で、おいてあっただんごをちゃっかり食べているモモコのすがたが見えます。

「こら、見えないからといって、勝手なことをするんじゃない。過去《かこ》の世界を変《か》えちゃだめなんだ」

「でへへ。おいしいよ、これ。はい」

モモコがゲンに、だんごをさし出します。手をのばしかけたゲンでしたが、

「そうか。……いや、だめだ」

あぶなく思いとどまりました。

だんごを一本食べたモモコは、もう一本に手をのばしましたが、ゲンがそ

の手をぴしゃりとたたくと、モモコは手をひっこめました。

「こら、いいかげんにしろ」

「はあい」

ちょうどそこに、若《わか》い町人ふうの男がやってきて、こしかけました。

店のおばさんが、お茶をおきます。

「いらっしゃい」

「だんごを一本もらおうかな」

「まいど。四文《もん》ね」

「あいよ」

男がだんごを受け取り、おばさんにお金をわたしています。「文」というのは、このころのお金の単位《たんい》のようです。

「あ、おばちゃん。ぜんざいもあるよね。それももらおうかな」

おばさんがおくに行き、すぐにぜんざいを運んできました。

「はい、どうぞ」

男は、ぜんざいをひと口すすると、幸せそうに言いました。

「ああ、あったまるねえ」

「はい、二〇文ね」

男は、ぜんざいを、ぷっとふきだしました。

「に、二〇文？　だんごが一本四文なのに？」

「そう、小豆《あずき》が値上《ねあ》がりしちまってねえ」

男はしぶしぶお金をわたします。

そのやりとりを見ていたモモコが、ゲンに言います。

「ねえ、ぜんざいがだんごの五倍もするなんて、高すぎるよね」

「そう、それがわかるのがお金の役割《やくわり》のひとつだ」

モモコは、きょとんとしています。

「だんごは四文、ぜんざいは二〇文。どちらの価値《かち》がどれだけ大きいかわかるのは、価値をお金で表せるからなんだ。これを『価値の尺度《しゃくど》』という」

「ふうん。そうか、一本五〇円の鉛筆《えんぴつ》と、一〇〇円のノートだったら、ノート一さつは鉛筆《えんぴつ》二本分の価値があるってことね。くらべやすい」

「そういうこと。では次に行くぞ」

「またどこかに行くの？」


風景《ふうけい》が少し流れて止まりました。

「この近くだ」

あたりが暗いので夜なのでしょう。どこか大きな店のおくまった部屋のよ

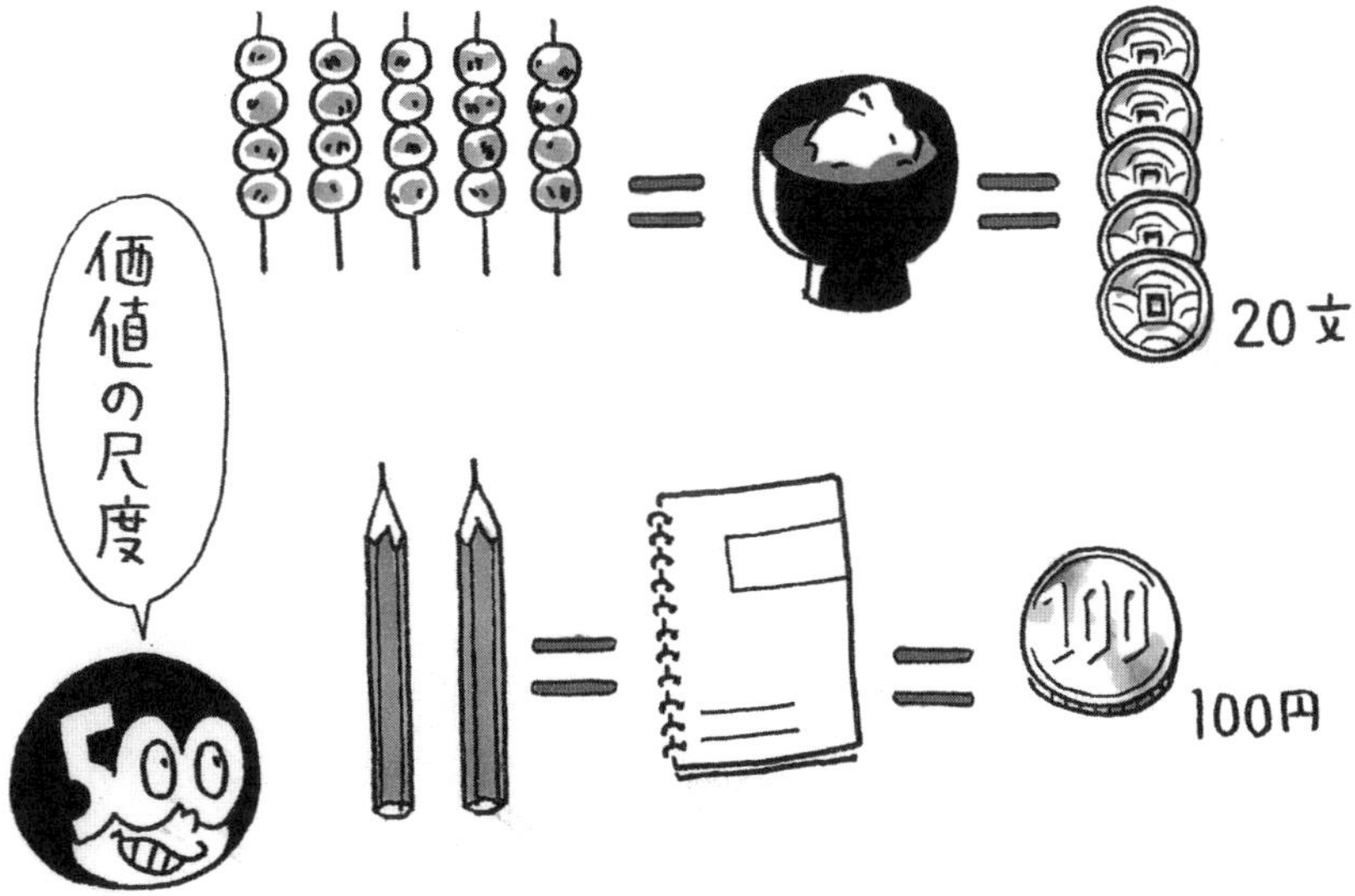
価値の尺度
20文
100円

うです。店の主人らしい人が、あんどんの明かりのそばにすわっています。その前には、大きな箱がおいてあります。時代劇《げき》で見た千両箱というもののようです。主人は、その中のお金のつつみをながめています。

「うっしっし。最近《さいきん》は、売り上げがふえて、ばんばんざいだわい。こんなにお金がたまったぞい」

「いやな感じ。テレビで見るのとおんなじだ。きっとこの人、何か悪いことをしているんだよ」

モモコが顔をしかめて言います。

「それはともかく、もうひとつのお金の役割《やくわり》が、これを見るとわかる」

「え？　何かなあ？」

「この人のように、お金はためておくことができる。お金はくさらないし、一年後だって一〇年後だって使うことができる。これを、『価値《かち》の保存《ほぞん》』というんだ」

「わたしの貯金箱《ちょきんばこ》にもだいぶたまっていると思うよ」

「それは意外だな。ともかくこれで、お金の役割の説明《せつめい》は終わりだ」


ゲンが説明したように、お金には、「交かんの手段《しゅだん》」、「価値の尺度《しゃくど》」、「価値の保存」という三つの役割があります。ふだんは、気づかないかもしれませんが、わたしたちは、お金のおかげで、いろいろなべんりなくらしを送ることができているのです。

「さあ、そろそろ、もとの世界に帰ることにするか」

「そうだね。わたしもよく歩いたから、つかれちゃった」

「では……」

目の前で、店の主人は、まだお金を数えていますが、その光景《こうけい》がしだいに流れ、びゅんびゅんとすぎていきます。

気がつくと、もとのモモコの部屋にもどっています。

モモコが言います。

「ゲン、お金って、すごい発明だったんだね。もっと勉強したくなってきた」

ためつづけても
わすれていても
その
価値は
くさらず
変《か》わらず
だいじょうぶ

知ってる？

お金おもしろQ《キュー》&《アンド》A《エー》①

Q. 破《やぶ》れたり燃《も》えたりしたお札《さつ》はどうなるの？

A. 一部がのこっていれば交かんできます

破れたお札は日本銀行で新しいお札に交かんしてもらえます。のこった面積《めんせき》によって金額《きんがく》は異《こと》なり、3分の2以上《いじょう》→全額。5分の2以上、3分の2未満《みまん》→半額。5分の2以下→交かんできない、となっています。また、燃えてしまったお札でも、灰《はい》を調べて本物とわかれば交かんできます。

Q. 5円玉のデザインにはどんな意味があるの？

A. 日本の産業《さんぎょう》を表しています

穴《あな》のまわりのギザギザは歯車（工業）、稲《いね》は農業、横線は水（水産業）を意味していて、日本の産業を表しています。うらの双葉《ふたば》は、太平洋戦争が終わり、新しく民主主義《しゅぎ》の国になった日本を象徴《しょうちょう》しているといわれています。また、穴には偽造防止《ぎぞうぼうし》や材料《ざいりょう》の節約《せつやく》のねらいがあります。

第二章

会社や銀行のお金

ものの値段《ねだん》はどうやって決まるの？　株式《かぶしき》会社って何？　銀行ってどうやってもうけているの？　日本銀行ってどんな銀行なの？　こうした疑問《ぎもん》をゲンが次つぎとといてくれるのを見て「経済《けいざい》っておもしろい」と思うでしょう。

商品がとどくまでの長い道

「ああ、楽しかった」

いすにすわったモモコが言います。

「お金のことが少しわかっただろう」

「うん。もっと知りたくなってきた」

「そうか、それはいいことだ」

「そうだ。わすれてた！」

「どうした？」

「今日おこづかいもらったら、買い物に行こうと思ってたんだ。でも、五〇〇円玉が変身《へんしん》しちゃったから……」

モモコは、うらめしそうに、ゲンを見ます。

「何か買いたいものがあるのか」

「えーと。文房具《ぶんぼうぐ》店に、すっごくかわいいメモ帳があったの。それを買おうと思って」

「ほう。いくらなんだ」

「二一六円」

「ふーむ」

ゲンが何やら考えています。

「そのメモ帳は、なぜ二一六円なのかな？」

「えっ、なぜって？　二一六円は二一六円でしょ？」

「それがなぜかと聞いているんだ」

「えっと、お店の人が決めたんじゃないの？」

「うーん。それだと同じメモ帳でも、お店によって値段《ねだん》がまちまちになってしまうぞ」

「そうか。大安売りで、安くなっていることはあるけど、だいたいどのお店でも同じくらいの値段《ねだん》だよね」

「そう、今度は、ものの値段がどう決まるかを教えることにしよう。だが、その前に……」

ゲンが手のひらをとじて、また開くと、空中にメモ帳がうかびました。モモコはおどろきました。

「わ、メモ帳だ」

「ほしいというメモ帳は、これだろう？」

「そう」

モモコが手をのばしてメモ帳をつかもうとしますが、モモコの手は空を切るばかりでつかめません。

「あはは、空中にホログラム※のようにえがいたものだからつかめない」

「なあんだ」

「それはさておき、メモ帳は、文房具店《ぶんぼうぐ》にどこから来るのかわかるかな？」

※ホログラム：立体に見える映像《えいぞう》

「そりゃ、メモ帳を作っている工場からじゃないの」

ゲンは、モモコをにらみます。

「うーん、わかってないようだな。では、行くぞ！」

「え、またどこかに行くの？」

モモコが、聞くとともに、まわりの風景《ふうけい》がとぶように流れていきます。

モモコの前に、メモ帳を作っている工場があらわれます。

「わあ、メモ帳がどんどんできていくね」

「そう、ここがメモ帳の工場だ。たくさんのメモ帳が作られている。そして
……」

ゲンがつみ重ねられた段《だん》ボールの箱を指さします。

「できたメモ帳は、ああやって箱づめにされ、運ばれていく」

「文房具店に？」

「いや」

商品がとどくまで

　モモコがそう言ったとたん、モモコの体がすうっとうかんだような感じになりました。目の下にトラックが見えます。気がつくと、ゲンもモモコのとなりをとんでいます。
「メモ帳をつんだトラックがどこに行くのか、ついていっているんだ」
　しばらくすると、大きな倉庫《そうこ》のような建物《たてもの》の前にトラックが止まりました。
「いろいろな商品は、工場から直接《ちょくせつ》店に行くわけではなく、まず、問屋《とんや》というところに運ばれるんだ」

「問屋？　何をするところなの？」

「卸売業《おろしうり》と言って、商品を生産者《せいさんしゃ》から買って、小売店に売る。生産者と小売店のあいだをうまくつなぐ役割《やくわり》をしているんだ」

「なるほどね。じゃあ、生産者って、何？　小売店って、何？」

「生産者というのは、商品を作る会社などだ。そして、小売店というのは、文房具《ぶんぼうぐ》店のように、直接お客さんに商品を売る店だ」

そう話している間にも、問屋から出たトラックが、今度は、文房具店に到着《とうちゃく》しました。

「ほんとだ。メモ帳ってこうやって来るんだね」

「商品は、長い道のりを通ってとどけられている。これを流通というんだ」

「でも、そのこととものの値段《ねだん》がどうやって決まるかが、どういう関係《かんけい》があるの？」

モモコは、真剣《しんけん》な目で、ゲンを見ています。

ものの値段《ねだん》の決まり方

ゲンが言います。

「ものの値段がどうやって決まるかは、流通の仕組みと関係《かんけい》が深いんだ」

モモコは、ぴんと来ないようです。

「あのメモ帳を例《れい》にして考えてみよう。行こう」

モモコたちは、今、文房具《ぶんぼうぐ》店の入り口にいます。ゲンは、店の中に入っていきます。モモコもあわててそのあとを追います。

「ねんのため言っておくが、今回もわれわれのすがたは、ほかの人からは見えないし、声も聞こえないからな」

「うん」

店のたなに、モモコがほしいと言っていたメモ帳があります。

「そうそう。これこれ。かわいいでしょ」

モモコが、メモ帳に目をやります。

「このメモ帳を作るのに、いくらかかっていると思う?」

「うーん、二一六円で売っているんだから、それより安いはずだね」

「ほう、それくらいはわかるようだな」

「あたりまえよ。一〇〇円くらいかなあ」

「メモ帳をつくるには、紙代やそれを帳面にするための代金などが必要《ひつよう》だ。

そして、メモ帳をつくる工場ではたらいている人の給料《きゅうりょう》などもかかる」

「そうか、さっき、工場ではたらいている人たちがいたもんね」

「そのほかに、メモ帳を作るための機械《きかい》のお金や工場を建《た》てるための土地代などもかかっている」

「いろいろかかるんだね」

「それらにかかるお金を一〇〇円としよう。メモ帳を作っている会社は、まずそれを、問屋に売る」

「ああ、さっき行ったところね」

「そのとき、一〇〇円で売るわけではない」

モモコの目がかがやきます。

「それじゃあ、メモ帳を作っている会社は、もうからないもんね」

値段《ねだん》のうつり変《か》わり

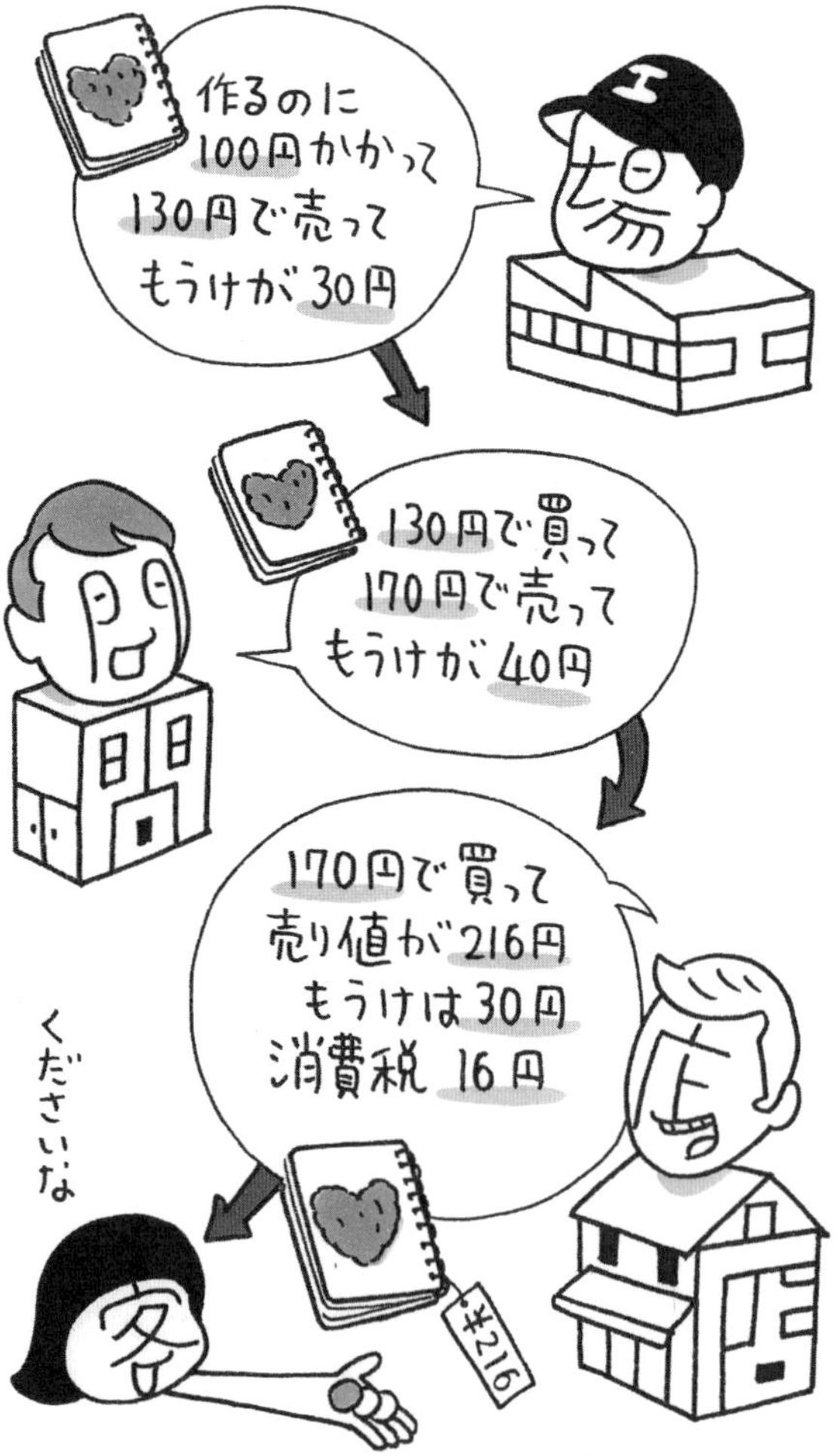
作るのに
100円かかって
130円で売って
もうけが30円
130円で買って
170円で売って
もうけが40円
170円で買って
売り値が216円
もうけは30円
消費税 16円
くださいな
¥216

「そう。一〇〇円でつくったものを一〇〇円で売っていては、会社の利潤《りじゅん》、つまり、もうけはゼロだ。だから、メモ帳を作る会社が、問屋にメモ帳を売るときに、いくらか高く売っている」

「そりゃあそうね」

「問屋に売るときの値段を一三〇円とすると……」

「三〇円が、もうけってことね」

「そうだ。次に問屋は、小売店にメモ帳を売る」

「そこでも、また値段が上がるわけね」

「問屋は、卸売《おろしう》りにかかるお金と、もうけの分を上乗せする。この分を四〇円とすると……」

「メモ帳は一七〇円になった」

「そう。最後に、メモ帳は小売店で売られる。小売店でも、小売りにかかるお金ともうけ分と消費税《しょうひぜい》を上乗せする。メモ帳が二一六円だということは……」

「そうか、小売店で、四六円上がるってことだね」

「そう。そうやって二一六円という値段《ねだん》が決まるんだ」

「ものの値段には、いろんなお金がふくまれているんだね」

ゲンは、メモ帳を取り上げて言います。

「整理してみよう。ものの値段には、そのものを作るための生産費《せいさんひ》、卸売《おろしう》りや小売りにかかる費用、そして、生産者、卸売業者、小売業者それぞれの利《り》潤《じゅん》が入っている」

「わかった。ものの値段が流通と関係《かんけい》しているっていうのは、長い道のりをたどるうちに値段が上がってゆくことだったのね」

モモコも、たなからメモ帳をとって、しげしげとながめています。

「そうすると……」

「なんだ?」

「利潤を多くすれば、生産者や小売店はもうかるってわけね。わたしだったたら、このメモ帳、三〇〇円にするなあ。だってかわいいんだもん。ね」

「モモコのセンスはよくわからないな……。たしかに、利潤の分を多くすれば、それだけ会社のもうけはふえる。でも、高くなった分、売れなくなるかもしれない。売れる数がへれば、利潤が上がらなくなることもある」

「そうか、二一六円だったら買うけど、三〇〇円だったら買わないっていう人もいるもんね」

「だから、どれくらいの値段ならどれくらい売れるかなども考えて利潤の分を決めているんだ」

「ものの値段が高いとあまり売れないし、安いともうけが少なくなっちゃうし、値段をつけるのってむずかしいのね」

「そういうこと。わかったら、次へ行くか」

ゲンは、モモコが持っていたメモ帳を、もとのたなにもどします。

「あ〜メモ帳が〜」

「今度、あらためて買いにくればいい。さあ行くぞ」

モモコのまわりの風景《ふうけい》が変《か》わります。今度は、スーパーマーケットにいるようです。おおぜいの買い物客が、野菜《やさい》売り場にいます。

「あ、野菜だ」

「メモ帳などとはちがって、野菜の値段《ねだん》は、いつも同じではない」

「そうだ。最近《さいきん》野菜が高いって、お母さんが文句《もんく》を言ってた」

「そう。では、どうして野菜の値段が変わるかわかるかな？」

「うーん。わかんない」

「野菜は、時期や天候《てんこう》によって、収穫量《しゅうかくりょう》が大きく変わる。生産者が売ろうとする量を供給量《きょうきゅう》、消費《しょうひ》者が買おうとする量を需要《じゅよう》量というんだが……」

「う〜ん、むずかしいね」

「わかりやすく言うと、農家の人が作る量が供給量、お店で買う人、つまりモモコのお母さんたちが買おうとする量が需要量だ」

値段の動き

「わかった。それで？」

「野菜があまりとれなかったのに、買いたい人が多いと、野菜の値段は高くなる」

「ほしい人が多いってことだよね。どうしてかな？」

「少しぐらい高くても買いたいと思う人が多くなるからだ。ぎゃくに、野菜がたくさんとれても、ほしい人が少ない場合、値段は下がる」

「安くしないと売れないからかな？」

「そのとおり。このように、野菜などの値段は、需要量と供給量のつり合いによって決まるんだ」

「値段《ねだん》が変《か》わっても、うまくバランスがとれてるってことか。おもしろいね」

モモコは、またひとつ新しいことを知りました。

株式《かぶしき》会社の仕組み

モモコは、あらためてスーパーマーケットの中を見わたします。

「それにしても、いろんなものを売っているね」

「そう、いろいろな会社が、いろいろなものを作って売っているからな」

「スーパーだと、食べ物が多いけど、ほかにも、いろいろなものがあるもんね。パソコンとか、洋服とか……。そういうのを、ほとんど会社が作っているんでしょ。会社ってすごいね」

「では、会社のことを説明《せつめい》することにするか。会社もお金とは切っても切れない関係《かんけい》にあるからな」

「そうしようよ。いろんなことがわかって、おもしろくなってきちゃった」

「それはいいことだ。では……」

モモコのまわりの風景《ふうけい》が変わります。

今度やってきたのは、高いビルの上のほうのようです。広いまどから、あたりの景《け》色《しき》がよく見えています。

「あ、お父さんがいる！」

広々としたオフィスには、たくさんの人がはたらいています。パソコンに向かってむずかしそうな顔をしている人、ものを運んでいる人、電話に出ている人などです。

その中に、モモコは、お父さんのすがたを見つけたようです。

「ここは、モモコのお父さんがはたらいている会社だ。なんだったけな？」

「たしか、食料品《しょくりょうひん》の会社だよ。株式《かぶしき》会社グッドフードっていうんだ」

「そうそう、そうらしいな」

「ゴロゴロしている日曜日とは別人《べつじん》みたい。かっこいい。お父さ〜ん！」

モモコは手をふりますが、お父さんは、もちろんモモコには気づかず、てきぱきと仕事をしています。

「こうやってお父さんが一生けん命はたらいているおかげで、賃金《ちんぎん》、つまり給料《きょうりょう》をえているんだ」

「見たことなかったけど、お父さんもたいへんなんだね」

「それはそうと、この会社のように、株式会社というのは、どういう会社か知っているかな？」

「そういえば、よく聞くけど、なんだろう？」

「ここは、ちょっとあわただしいから、しずかなところに行こう」

まわりの風景《ふうけい》が、また変《か》わりました。

「ここ、どこ？」

「社長室だ。しずかだろう。社長は出かけているみたいだな」

モモコは、その部屋においてある、ふかふかのソファにすわりました。

「わあ、気持ちいい。社長室ともなると、ちがうね」

モモコは、ソファの上で、ぴょんぴょんはねています。

「こらこら。しずかに」

「はあい」

「では、株式会社のことだ」

モモコは、ソファにすわったまま、ゲンを見ています。

「会社は、それぞれ、いろいろな方法《ほうほう》でものを売ったり、サービスを提供《ていきょう》したりして、利潤《りじゅん》を上げている」

「サービスって値下《ね》げしたり、ただにしたりすること?」

「いや、ここでいうサービスは意味がちがう。理髪店《りはつ》が髪《かみ》を切ったり宅配便《たくはいびん》が荷物をとどけたりするように、形のないものでお金をもらう仕事のことだ」

「ふうん。お父さんの会社は、食料品《しょくりょう》を売って利潤《りじゅん》を上げているってことね」

「そう。しかし、会社が利潤を上げるには、お金がかかる。ものを作るための費用《ひよう》や、従業員《じゅうぎょういん》にはらう賃金《ちんぎん》などだ。これを一人で集めるのはたいへんだ」

「そうだね。こんなに大きな会社だもんね」

「そのたくさんのお金を、株式《かぶしき》によってまかなうのが株式会社なんだ」

「株式?　野菜《やさい》のカブと関係《かんけい》あるの?」

「ちがうちがう。たくさんの人からお金を集めるために会社が発行するものだ。株式を持っている人を株主という」

「株式を買うっていうこと?」

「そう。株式を買うことで、会社にお金が入る。それを元手に、会社は、経《けい》営《えい》をしているんだ」

「だから株式会社っていうのね。でも、株式を買うと、何かいいことがあるの？」

「もちろん。株主はその会社の利潤の一部をもらうことができる。これを配当《はいとう》という」

「いいね。お金を出した分、もうけがあるんだね」

「しかし、会社の経営が苦しくて利潤が出ない場合もある」

「そうすると配当はもらえないね」

「そのとおり。それだけじゃなく、も

株式会社の仕組み

会社
株
会社の
経営資金《けいえいしきん》
株式を買う
利潤が出ないと配当はナシ
利潤の配当
株主

しも会社が倒産《とうさん》してしまったら、株式《かぶしき》を買った分のお金はもどってこない」

「まあたいへん。大損《おおぞん》だ！」

「そうなる前に株式を売ることもできるわけだ。株式の値段《ねだん》は、会社の業績《ぎょうせき》によって変《か》わる。会社の業績がいいときは、株式は高くなり、業績が悪いときは、安くなる。株式の値段は会社の成績《せいせき》表みたいなものといえるだろう。会社によって値段がちがうのも同じだ」

「お父さんの会社はどうかな？」

ゲンは、ちょっと考えて答えました。

すがたを消した「株券《かぶけん》」

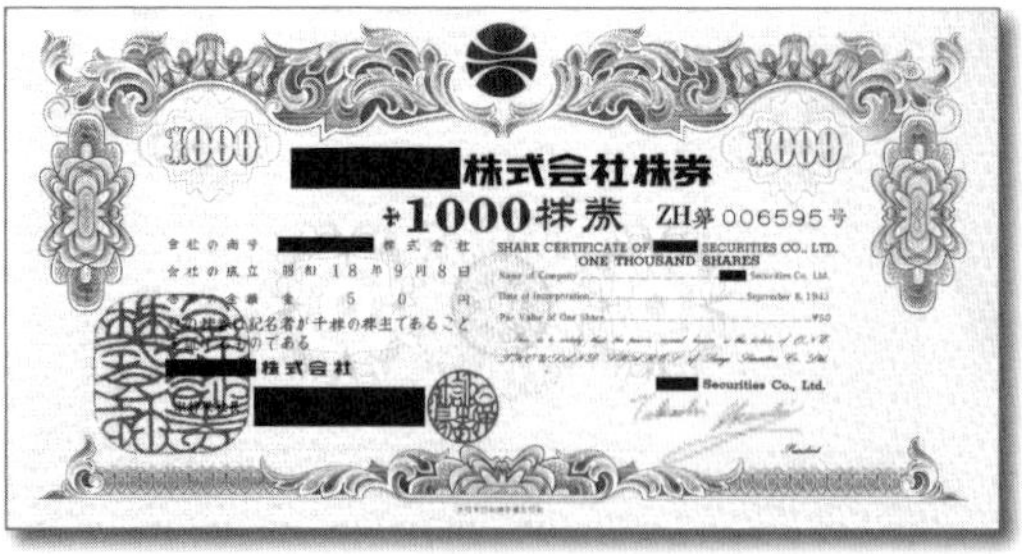

かつては株式を買うと、紙に印刷《いんさつ》された「株券」が発行されていました。でも、今ではほとんど見かけなくなりました。なぜかというと、どの会社の株をだれがいくつ持っているかはすべて取引先の証券《しょうけん》会社のコンピュータに記憶《きおく》させてあるからです。売り買いなどの取引もコンピュータ上で行われています。株券だけではなく、紙の書類《しょるい》がいらなくなる（ペーパーレス化）、それがコンピュータの力のひとつなのです。

「まずまずのようだな」

「ほんと？　よかった！」

利子《りし》のおかげでお金が回る

モモコはかなり理解《りかい》してきたようです。

「会社がうまくやっていくためにも、お金って大事なんだね。世の中のことが、ちょっとだけどわかった気がする」

「お金は、社会をなり立たせるために、なくてはならないものだ。そして、社会で、お金がうまく回るためのはたらきをしているのが銀行だ」

「うまく回るって？」

「お金があまっているところが、足りないところに貸《か》すことを、金融《きんゆう》という。

金融《きんゆう》のなか立ちをするのが金融機関《きかん》。銀行は、代表的《てき》な金融機関なんだ」

「へえ、どんなことをしているの？」

「では行ってみるか」

「銀行に？　行く行く！」

「ようし」

　ふかふかのソファにすわっていたモモコのまわりの景色《けしき》が変《か》わります。気がつくと、モモコは、銀行のお客さん用のソファにすわっています。銀行にはおおぜいの人が来ています。お客さんをよぶ声がして、カウンターの向こうがわでは、あわただしく動いている人も見えます。いっぽう、入り口に近いところには、ＡＴＭのコーナーがあります。

「銀行だね。お母さんといっしょに来たことがある」

「そう。お金をあつかう機関だ」

「ねえ、わたし、前から不思議《ふしぎ》に思ってたんだけど、どうして銀行にお金を

※ATM：自動現金預《げんきんあず》け入れしはらい機

預《あず》けておくと利子《りし》がつくの？」

「ほう、いい質問《しつもん》だな」

「でしょ。前にお母さんが、ほんのちょっぴりだけど、利子がついたって言ってたよ。どうして？」

「その前にまず、銀行の役割《やくわり》を考えるといい。銀行は、どんなことをしているのか知っているかな？」

「わたしたちのお金を預《あず》かることかな？」

「そう。銀行に預けているお金を預金《よきん》という。預金業務《ぎょうむ》は、銀行の役割の大きなひとつだ」

「ほかには何があるのかなあ」

「ここにいるとよくわからないかもしれないな。では……」

まわりの風景《ふうけい》が変わり、べつのしずかな部屋に変わりました。男性《だんせい》と女性が一人ずつ、向かい合って話をしています。男性は、銀行の人のようです。

「ここはどこ？」

「銀行の中だけど、貸《か》し出し業務《ぎょうむ》をしているところだ」

「貸し出し業務？」

「そう。あの女性《じょせい》は、会社を経営《けいえい》している社長さんだ。銀行にお金を借《か》りに来ている」

　社長と言われた女性が、男性に説《せつ》明《めい》しています。

「ですから、新商品の売れゆきが好《こう》調《ちょう》で、わたくしどもの業績《ぎょうせき》は、このようにのびています。今後、さらに業績をのばしていくためにも、ぜひ

銀行の役割《やくわり》

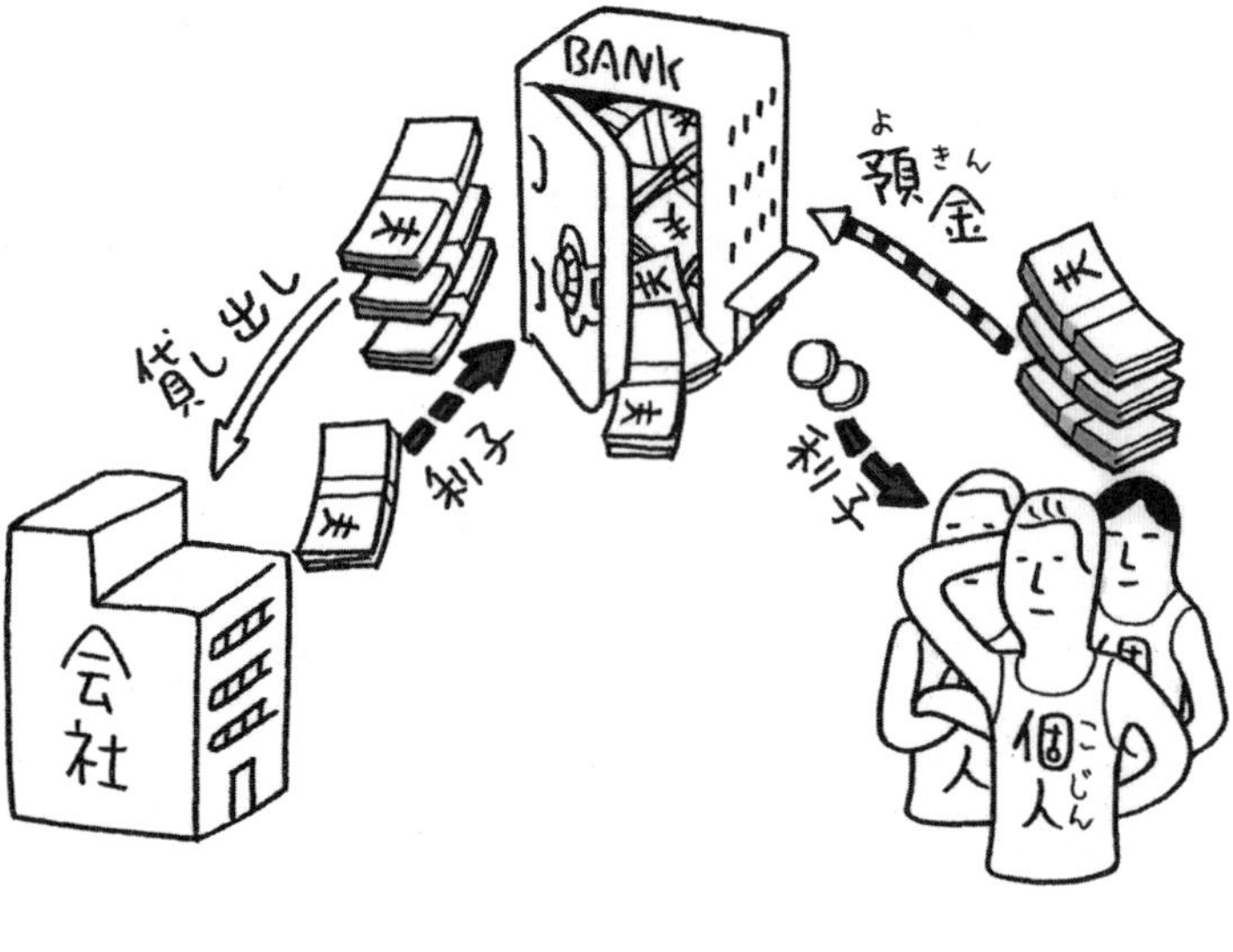

とも融資《ゆうし》をおねがいします」

「ユーシって？」

モモコがたずねます。

「銀行が会社などにお金を貸し出すことだ」

「社長さんが、融資をたのんでいるわけね」

社長さんの話を聞いていた融資担当《たんとう》の男性が答えます。

「わかりました。問題ありません。さっそく手つづきを進めます。利率《りりつ》は……」

「あ、融資してもらえることになったのね」

「ああ。今回はうまくいったが、いつでも融資してもらえるとはかぎらない。ちゃんとお金を返せるかを調べる『審査《しんさ》』をクリアしなければならないんだ」

「なるほどね。利率ってなに？」

「銀行でお金を借りると、もとのお金にくわえて、一定の割合《わりあい》で利息《りそく》をつけて返さなければならない。この割合を利率という」

「利息《りそく》って、利子《りし》のことね」

「そういうこと。銀行が会社などに貸《か》したお金につく利子が、銀行の利潤《りじゅん》になるんだ」

「あ、そうか」

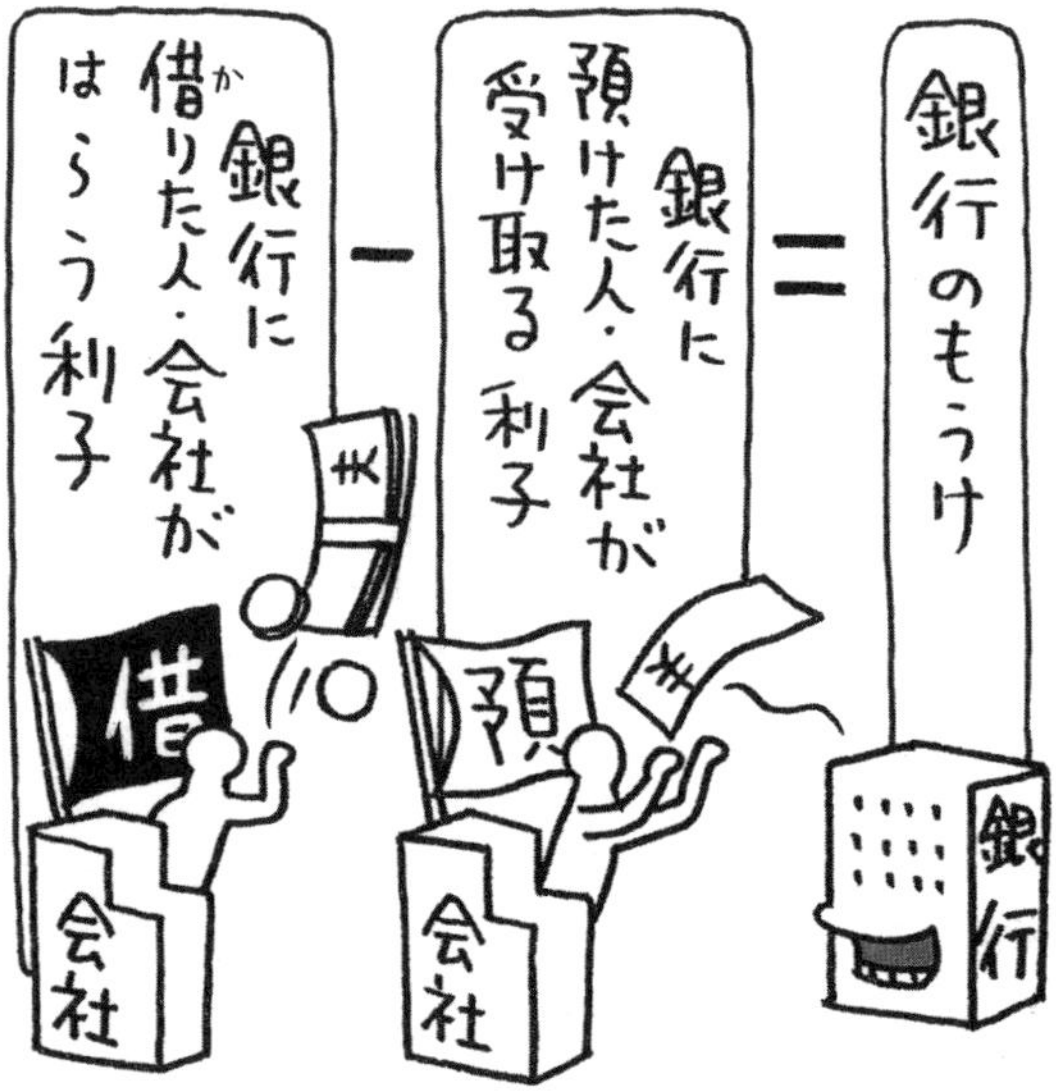

銀行のもうけ
＝
銀行に預けた人・会社が受け取る利子
−
銀行に借《か》りた人・会社がはらう利子
預
借
銀行
会社
会社

「さて、銀行にお金を預《あず》ける場合も、利子がつく」

「うん」

「銀行が会社などにお金を貸すときも利子がつく」

「うん」

「銀行が会社などにお金を貸す場合の利率《りりつ》は、銀行が個人《こじん》のお金を預かった場合の利率より高いんだ」

モモコは、頭の中で、ゲンが言ったことを整理しています。

「わかった。銀行は、わたしたちからお金を集めて利子をつけているけど、会社などに貸すときは、もっとたくさんの利子をつけて返してもらうから、その差《さ》の分が銀行の利潤になるってことね」

「よくわかったな」

「お金のことをいろいろ勉強してきたし……。これくらいはね」

「銀行は、会社だけでなく、個人にもお金を貸すことがある。たとえば、家を住宅《じゅうたく》ローン※で建《た》てようとするときなど、一度に何千万円というたくさんのお金を用意するのはむずかしい場合があるだろう」

「そうだね、家って高いもんね」

「そんなときには、銀行でお金を借《か》りて、少しずつ返していくんだ」

「家を買うお金がたまるまでに何十年もかかっちゃうかもしれないもんね」

「そう、この場合も、銀行には、利子をつけてお金を返していくんだ」

※ローン：借金のこと

「ふ〜ん。なるほどね」

「このように、銀行は、社会のお金をうまく回すためのはたらきをしている。利子《りし》はその手数料《てすうりょう》のようなものなんだ」

日本銀行の重要《じゅうよう》なお仕事

モモコたちの前では、融資《ゆうし》の手つづきが終わった社長さんが、書類《しょるい》をかばんに入れて、帰っていきました。銀行の人がそれを見送っています。

「銀行のこともよくわかったし、いろんなことがわかっちゃった！」

「そうだな。むずかしい話なのにがんばったな」

モモコは、ちょっと考えます。

「銀行といえば……」

「どうかしたのか？」

「日本銀行っていう銀行があるよね。この間テレビで聞いた気がする」

「ああ、たしかにある。よく知っていたな」

「日本銀行も銀行なんでしょ？　お金を預《あず》けたりできるの？」

ゲンが言います。

「日本銀行も、銀行のひとつではあるけれど、一般的《いっぱんてき》な銀行とは、役割《やくわり》がだいぶちがうんだ」

「そうなんだ。どこがちがうの？」

「なら行ってみるか？」

「うん。行く行く」

またもやまわりの景色《けしき》が変《か》わりました。今度は、モモコたちは、ちょっと古めかしいけど立派《りっぱ》な建物《たてもの》の前に立っています。

「ここはひょっとして？」

「そうだ。日本銀行だ」

「へえ。歴史《れきし》のありそうな建物《たてもの》だね」

　モモコは感心して見ています。

「日本銀行と一般《いっぱん》の銀行とのちがいは、日本銀行は、個人《こじん》や会社とは取引《とりひき》※をしないという点だ」

「へえ、じゃあ、わたし、お金を預《あず》けられないの？」

「ああ、ざんねんながら

※取引：お金のやりとり

日本銀行の役割

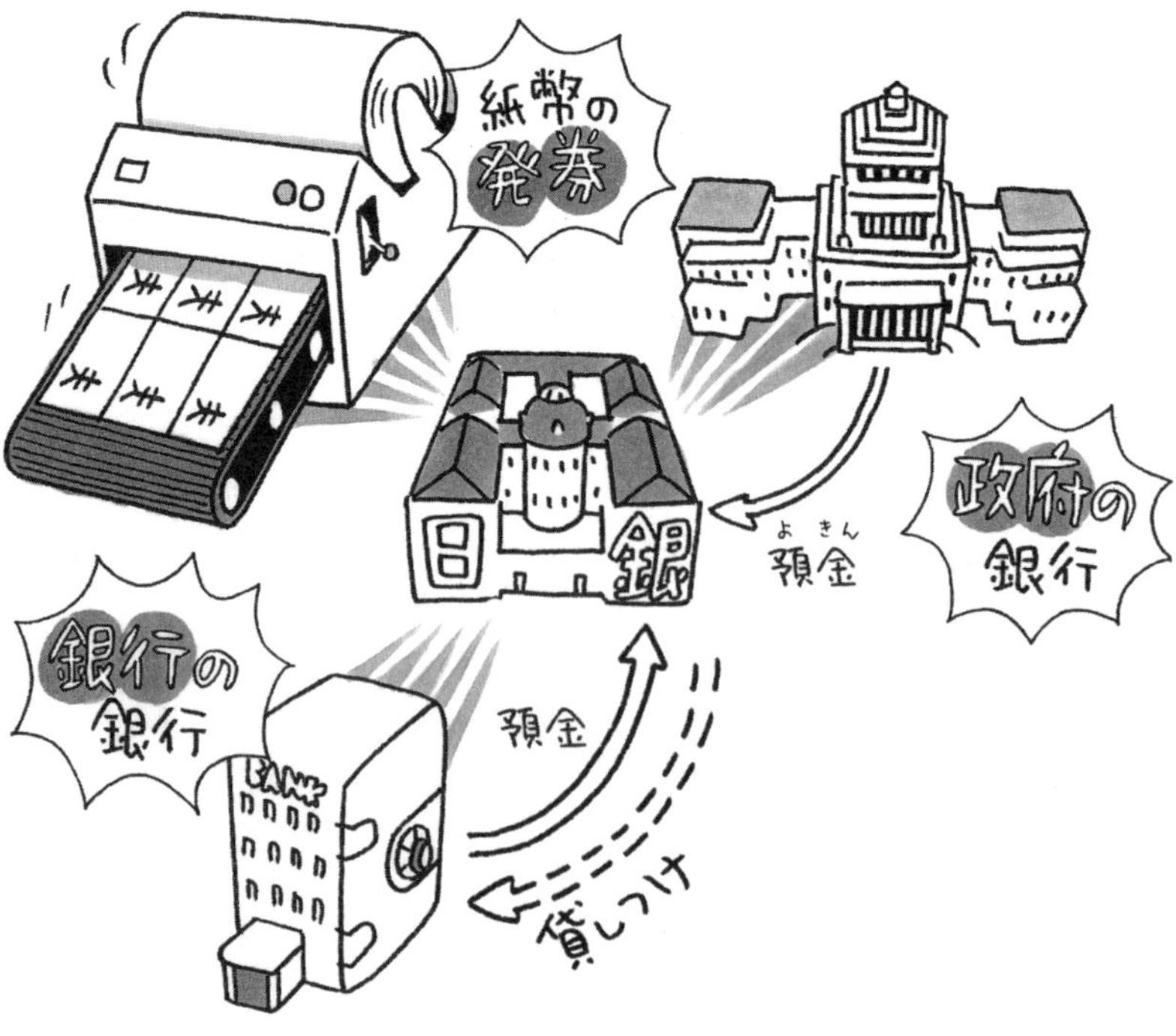

紙幣の発券
政府の銀行
預金《よきん》
銀行の銀行
BANK
預金
貸しつけ

だめだ。日本銀行は、政府《せいふ》や銀行とだけ取引をしている」

「ふうん。変《か》わってるのね」

「日本銀行の主な役割《やくわり》は、三つある。ひとつは、『発券銀行《はっけんぎんこう》』としての役割、次が『政府の銀行』としての役割、そして、『銀行の銀行』としての役割だ。こういった役割をしている銀行を、中央銀行ともいうんだ」

「そんなにいっぺんに言われてもわからないよ」

「では、じゅんに説明《せつめい》することにしよう。まずは、発券銀行としての役割だ。これは、わかりやすく言うと、紙幣《しへい》を発行するということだ。だから、紙幣のことは、『日本銀行券』ともいう。日本銀行は、紙幣を発行できるただひとつの機関《きかん》だ」

「次は？」

「政府の銀行としての役割。政府というのは、まあ、国のことだと思っていいかな。政府も、いろいろな事業をするのにお金が必要《ひつよう》だ。日本銀行は、政府《ふ》の資金《しきん》の出し入れを管理《かんり》するほか、政府《せいふ》へお金を貸《か》し出すこともしている。だから、政府の銀行ともよばれるんだ」

「へえ」

「そして、三番目に、銀行の銀行といって、一般《いっぱん》の銀行にお金を貸し出したり、一般の銀行からお金を預《あず》かったりする」

「なんだか、重要《じゅうよう》な役割《やくわり》をしているような気がする」

「気がするだけじゃなくて、実際《じっさい》に重要なんだ」

「ふだん気づかないけどね」

「日本銀行の役割は、これだけではない。金融政策《きんゆうせいさく》といって、とても重要な役割もしている」

「キンユーセーサク？　むずかしそうね」

「世の中に出回っているお金を通貨《つうか》という。通貨が多いか少ないかによって、経済《けいざい》は大きな影響《えいきょう》を受ける。日本銀行は、さっき言った三つの仕事を通じて、

お金をたくさん発行すればみんな金持ち？

ものやサービスが売れなくて国全体が困《こま》っている時は日銀がお金をたくさん発行すれば、お金を使う「はずみ」がつくかもしれません。でもお札《さつ》を発行しすぎると、どうなるでしょう。たとえばお金の発行額《がく》が２倍になれば、お札があまり、その値打《ねう》ちが半分に下がりかねません。お札の値打ちが半分になると、ものやサービスの値段《ねだん》が２倍になるかもしれません。そうした混乱《こんらん》をふせぎ、お札の値打ちを変《か》えないことが日銀のもっとも大事な責任《せきにん》なのです。

通貨の量《りょう》を調整しているんだ」

「なんのために？」

「経済《けいざい》を安定させるためだ。こういうことを、金融政策というんだ」

「なんとなくわかったような気がする」

「さらに、日本銀行は、公開市場操作《こうかいしじょうそうさ》ということもしている」

「またむずかしそうなことばが出てきたわね」

「これは通貨の量を調整するために、一般の銀行との間で、国債《こくさい》を売買するという方法《ほうほう》だ」

「国債って？」

「政府《せいふ》が、収入《しゅうにゅう》をこえて支出《ししゅつ》してしまった分、つまり赤字をおぎなうために発行するものだ。主な買い手は銀行などの金融機関《きんゆうきかん》だ」

「それを売り買いするとどうなるの？」

「景気《けいき》がよくないときは、日本銀行が、一般《いっぱん》の銀行から国債《こくさい》を買い上げる。そうすると、一般の銀行が持つお金がふえるので、会社などは、銀行からお金が借《か》りやすくなる。すると、世の中の通貨量《つうかりょう》がふえて、景気がよくなるんだ」

「ケイキ？　うーん、むずかしいなあ」

政府の赤字をおぎなう国債

「まあ、景気については、また説明《せつめい》することもあるだろう。つまり、日本銀

行には、経済《けいざい》を安定させるための役割《やくわり》があるってことだな」

「とっても大事な役割だってことはわかったわ」

「さあて、そろそろもどることにするか」

モモコは、もう一度、日本銀行の建物《たてもの》を見上げます。

「ねえ、ゲン。いっぺんにいろんなことがわかったよ。お父さんはがんばってはたらいていたし。それに、銀行ってATMでお金を預《あず》けて引き出すだけの場所じゃなく、大切な役割があるんだね」

「そうだなあ。銀行は世の中のお金をうまく回すためにはたらいている。心臓が体のすみずみに血液《けつえき》を送るのに似《に》ているから、銀行は『経済のポンプ』とよばれることもあるんだ」

まわりの景色《けしき》が少しずつ変《か》わり、モモコたちは、部屋にもどってきました。

「ねえ、ゲン。お金のことをもっといっぱい勉強したいな」

ゲンもほほえんでいます。

知ってる？

お金おもしろQ《キュー》&《アンド》A《エー》②

Q. 激安《げきやす》ショップはどうやってもうけているの？

A. 値段《ねだん》は安くても売れる数を多くしています

値段を下げると商品1個《こ》当たりのもうけは少なくなります。でも、いつもはその商品を買わなくても「この値段なら買おう」と思う人もいます。激安ショップは商品をたくさん仕入れてたくさん売ることでもうけているのです。また、仕入れる量《りょう》をふやすことで、問屋《とんや》から安く仕入れることもできます。

Q. 多くの銀行が午後3時に閉《し》まってしまうのはなぜ？

A. 法律《ほうりつ》で営業《えいぎょう》時間が決まっているからです

実は銀行法という法律で「銀行の営業は9時から15時までとする」と定められています。でも午後3時以降《いこう》も銀行の人ははたらいていて、その日に受け付けたお金の出し入れのチェックなどをしています。お金をまちがえるとたいへんなので、念《ねん》入りに作業をしているのです。

第三章

国や自《じ》治《ち》体《たい》のお金

公立の学校の先生の給料《きゅうりょう》、道路や橋の工事費《ひ》は税《ぜい》金《きん》でしはらわれています。国や都道府県・市町村におさめる税金はどんな使われ方をされているのでしょうか。景気《けいき》や円高・円安というむずかしいこともゲンがわかりやすく教えてくれます。

消費税《しょうひぜい》ってどういうお金？

「次は何を教えてくれるの？」

モモコが、ゲンに言います。

ゲンが、モモコをちらりと見ます。

「お金について知りたいという意欲《いよく》がわきおこってきたようで、いいことだ。だが、なんでも教えてもらおうという姿勢《しせい》ではいけない。自分で知りたいと思うことはないかな？」

そう言われて、モモコはじっくり考えます。はっと顔を上げると、

「そうだ。消費税！　消費税がつくのはなぜなの？」とたずねました。

「ほう、そう来たか。どうしてそれを知りたいのかな？」

「さっき、文房具屋《ぶんぼうぐや》さんで見たメモ帳、二一六円だったでしょ。消費税のせいで、二一六円という中途半端《ちゅうとはんぱ》な値段《ねだん》になってしまうのがいやなの。だいた

い、消費税って何かなって、ずっと思ってたの」

「そういうわけか。では、消費税について説明《せつめい》しよう」

「わあい。今度はどこに行くの?」

　ゲンが考えます。

「うーん、そうだな。消費税の説明なら、べつにここでいいかな」

　モモコががっくりします。それにかまわず、ゲンが話し始めます。

「まず、税金というものがあることを知っているかな?」

「それくらい知ってるよ。国におさ

めるお金でしょ」

「国だけじゃなく、都道府県《とどうふけん》や市町村などの自治体《じちたい》にもおさめるんだ。税金《ぜいきん》とは、国や都道府県などが、多くの人から集め、社会のために使うお金だ。税金にはたくさんの種類《しゅるい》がある」

モモコの前に、黒板のようなものがうかびました。「税金」という文字の下に、「国税」、「地方税」と書いてあります。

「税金のうち、国におさめるものを国税、都道府県や市町村におさめるものを地方税という。そして…」

黒板の文字が変《か》わります。今度は、「直接税《ちょくせつぜい》」、「間接税《かんせつぜい》」と書いてあります。

「税金は、おさめる方法《ほうほう》によって、大きく二つに分けられる。ひとつは、直接税といって、税金を負担《ふたん》する人と、おさめる人が同じものだ。そして、もうひとつは、間接税といって、税金を負担《ふたん》する人と、おさめる人がちがうものだ」

税金の種類

	国税	地方税
直接税	所得税 法人税 相続税	住民《じゅうみん》税 自動車税
間接税	消費税 酒税 関税	入湯税 ゴルフ場利用《りよう》税

「そんなふうに分けられるの？　知らなかった。ってことは、消費税《しょうひ》のほかにもいろいろな税金があるってことね」

「そうそう。たとえば、直接税には、所《しょ》得《とく》税や法人《ほうじん》税、相続《そうぞく》税などがある」

「そんなにいろいろあるの。所得税って何？」

「給料《きゅうりょう》などでえた収入《しゅうにゅう》に対してかかる税金だ。法人税は、会社の利益《りえき》に対してかかる税金、相続税は、財産《ざいさん》を引きついだときにかかる税金だ」

「じゃあ、間接税は？」

「消費税は、間接税のひとつだ。ものを買ったり、サービスを受けたりする

直接《ちょくせつ》税と間接《かんせつ》税の仕組み

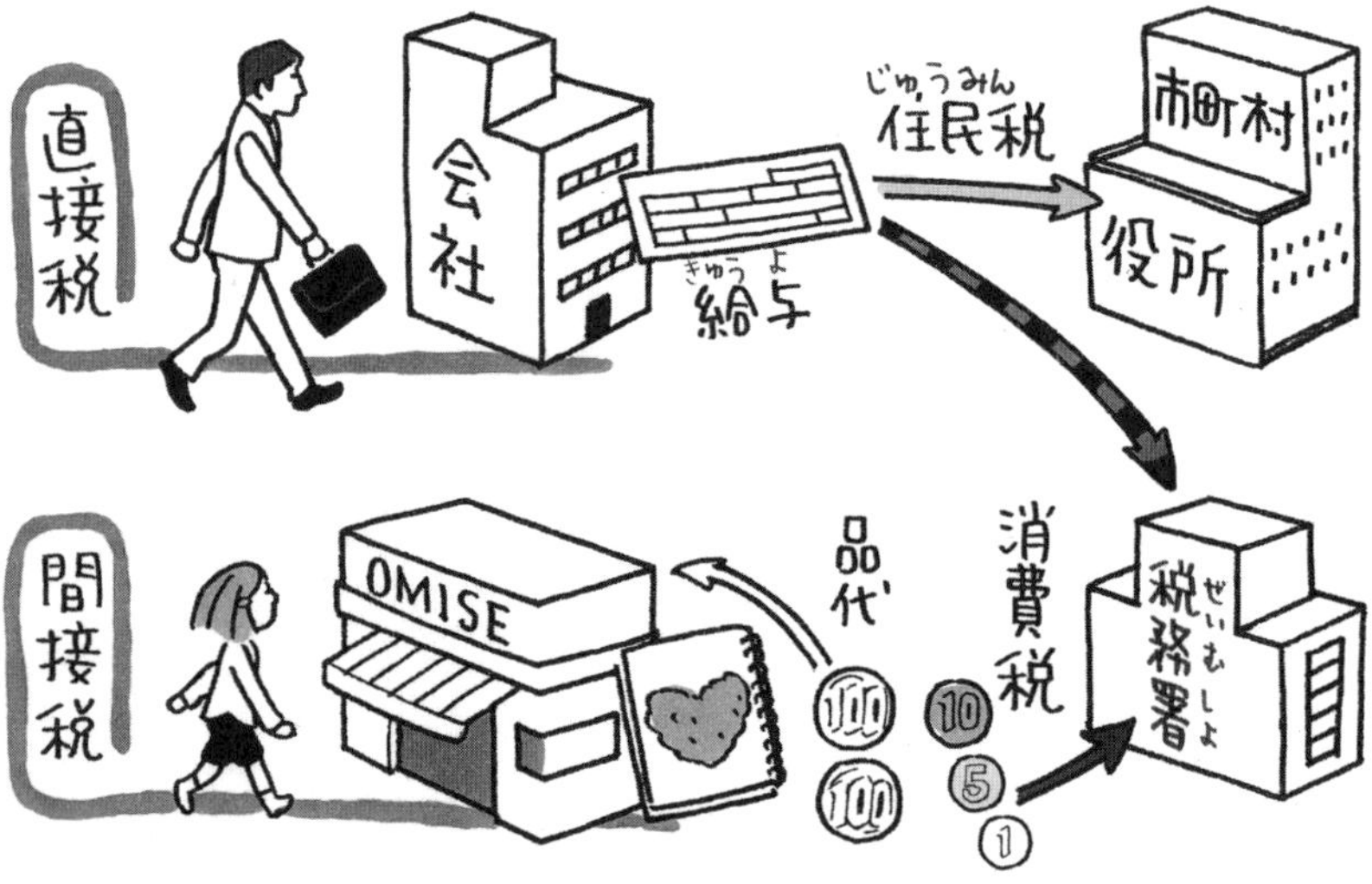

ことを『消費《しょうひ》』という。それにかかる税金《ぜいきん》だ」

「ふうん、だからお店でものを買うときに、消費税の分がつくんだね」

「そういうことだ。実際《じっさい》に国に消費税をおさめているのはお店になる。間接《かんせつ》税には、そのほか、輸入《ゆにゅう》品に対してかかる関税《かんぜい》、お酒にかかる酒税などがある」

　黒板に、国税、地方税と、直接税、間接税で分類《ぶんるい》されたおもな税金の種《しゅ》類《るい》がまとめられました。

「税金をおさめることは、国民に

とっての義務《ぎむ》のひとつとされている。国や都道府県《とどうふけん》だって、お金がなくては、社会のためになにもできなくなってしまうからだ」

「そうなんだ。みんながおさめないといけないんだね」

「税金について、もうひとつ説明《せつめい》しておこう。さっき、所得《しょとく》税は、収入《しゅうにゅう》に対してかかる税金だと言ったが、高い割合《わりあい》で税金をおさめなければならない人がいる」

「えっ、そんなの不公平《ふこうへい》じゃない！」

「それは収入が多い人だ。収入が少ない人も多い人も同じ割合で税金をおさめなければならないとしたら、収入の少ない人の負《ふ》担《たん》が大きくなりすぎる」

「そうか、収入の多い人なら、たくさん税金をおさめても、そんなに負担にはならないね」

かせぎが多い
かせぎが少ない
おさめる税金
おさめる税金

「そういうこと。これは累進課税《るいしんかぜい》という方法《ほうほう》だ。そうすることで、収入《しゅうにゅう》のちがいを調整している。『富《とみ》の再分配《さいぶんぱい》』といって、税金《ぜいきん》の役割《やくわり》のひとつなんだ」

「そうか」

また新しいことを学んだモモコの顔は、前にくらべてきりりとしてきたようです。

「ねえ、そうやっておさめた税金って、何に使われているの？」

教科書が無料《むりょう》でもらえる理由

ゲンが言います。

「ところで、学校で使う教科書。教科書の代金はいくらなのか、知っているかな？」

自分が質問《しつもん》したつもりだったのに、ぎゃくに質問されたモモコは、めんくらいます。

「え、教科書？　代金？　えーと、どうだったかな？　教科書のお金って、お母さんがはらったのかなあ。記憶《きおく》にないけど……」

「ははは。記憶にはないはずだ。教科書の代金は、はらわなくてもいいからね。」

「そう、やっぱり……。え、でも、そうすると、教科書って、ただってこと？」

「ああ、きみたちや、きみたちの保護《ほご》者は、教科書代ははらわなくていいことになってるんだ」

「でも、本当はただじゃないよね。教科書を作るには原材料費《げんざいりょうひ》やはたらいている人の給料《きゅうりょう》がかかっているはずだし……」

「もちろん。教科書そのものはただではないが、教育を受ける人がその代金をはらう必要《ひつよう》はないんだ」

「どうして？」

「小学校と中学校は、義務《ぎむ》教育といって、すべての国民が、子どもに受けさせなければならない。社会にとって大事なことだから、授業《じゅぎょう》にかかるお金は国がしはらっているんだ。税金《ぜいきん》の中からね」

「そうか、税金は、そんなふうに使われているのね」

「そういうこと。ほかにも、社会全体のために、さまざまなところに使われている。このように、国や都道府県《とどうふけん》などが、家計や会社などからお金を集めて、社会全体のために使う活動を、財政《ざいせい》というんだ」

「ザイセー？　いったいどういうこと？」

「ちょっとむずかしいかな。では、税金が具体的《てき》にどんなところに使われているか、見に行ってみるか」

まわりの風景《ふうけい》がしだいに変《か》わり、モモコとゲンは、部屋から外にとび出し、空をとんでいます。目の下には、道路や橋、ビルや家なみが広がり、自動車

税金が使われているもの

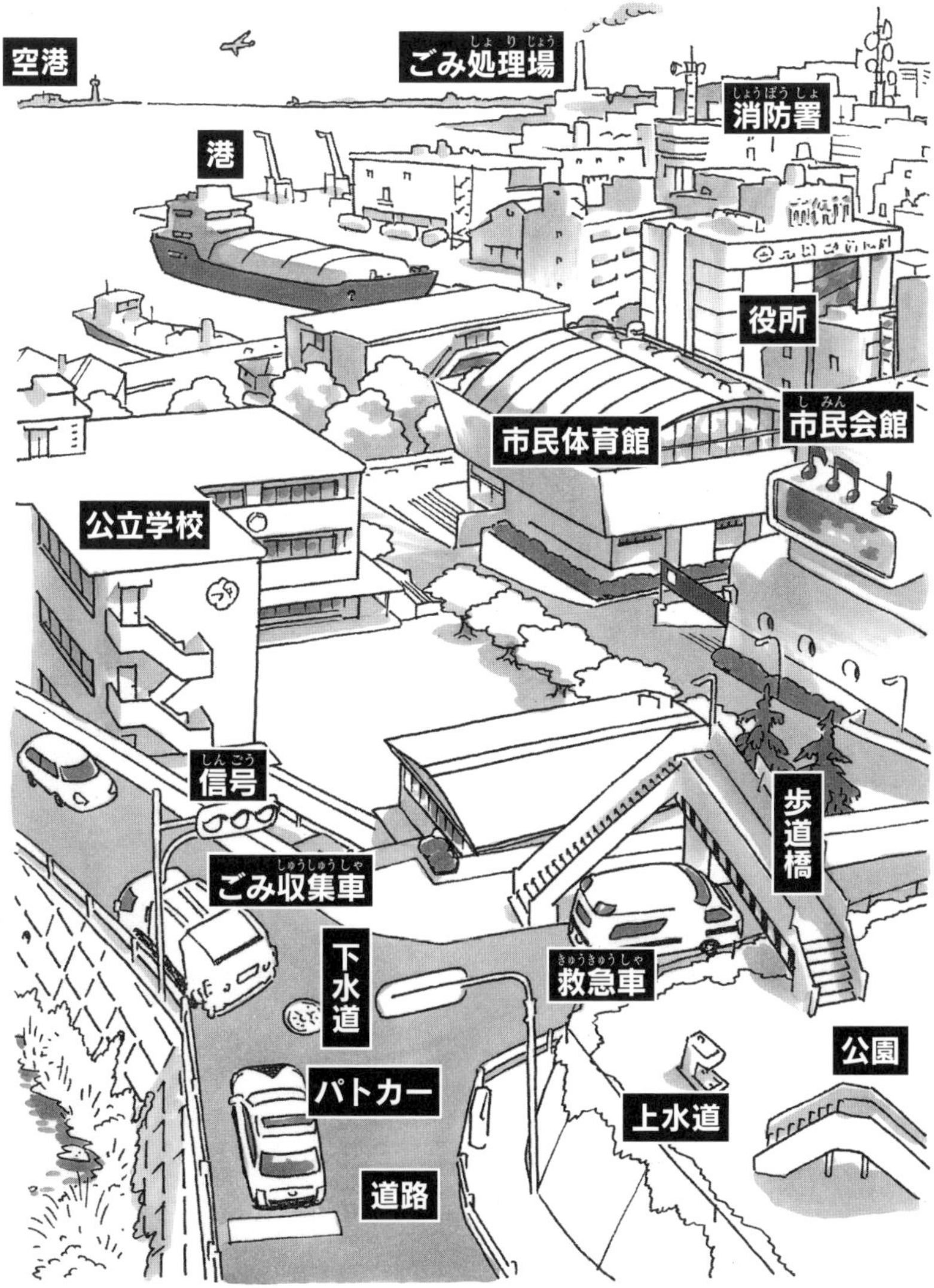

や人間がゆきかっているすがたが、豆つぶのように見えます。

「わあ、いいながめ！」

「街《まち》には、税金《ぜいきん》でつくられたものがたくさんあるんだ」

モモコの横をとんでいるゲンが言います。

「道路や空港、港の施設《しせつ》など、多くの人に役立つものは、国や都道府県《とどうふけん》などがつくっている」

「あ、空港が見えるね」

「そのほか、公立の学校や図書館、公園、役所などもそうだ。ここからは見えないが、上下水道もそうだ」

「だれがつくったのかあまり意識《いしき》していなかったけど、どれも大事なものだもんね。……学校がなければ勉強しなくていいかもしれないけどね」

モモコは、小さな声で言いました。

「何か言ったか？」

「ううん、何も」
まわりの風景《ふうけい》が変《か》わります。地上におりてきたようです。たくさんの人が
すわっています。
「ここは？」

実際《じっさい》は5000円
かかったけど
健康保険に
入ってるきみがはらうのは
1500円!!

「病院だ。病院での治療《ちりょう》代などには、多くのお金がかかる。高度な技術《ぎじゅつ》や高《こう》価《か》な薬品が使われるからだ」

「そうでしょうね」

「だが、病気になった人がしはらう代金は、それほど多くはない」

「どうして？」

「国民健康保険《けんこうほけん》といって、税金と同じように、国民が出し合ったお金で治療

代を出してくれる仕組みがある。また、国も税金《ぜいきん》から治療《ちりょう》代などの一部を出しているからだ。このようなところにも税金が使われている」

「へえ、知らなかった」

「では、もどることにしよう」

モモコが、そばのいすにこしかけていたおばあちゃんに、「お大事に」と言います。もちろんおばあちゃんは、気づいていません。

気がつくと、もとのモモコの部屋にもどっていました。

「税金は、このほかに、災害《さいがい》への対策《たいさく》や、科学を発展《はってん》させること、国の防衛《ぼうえい》などにも使われている。個人《こじん》や会社などではできないことに使われているんだ」

「そうか。わたしがお店で買い物をするときにはらった消費税も、めぐりめぐってみんなの役に立っているのね。わかってよかった」

国の借金《しゃっきん》は約《やく》1,000兆《ちょう》円！

ふえつづける国の借金

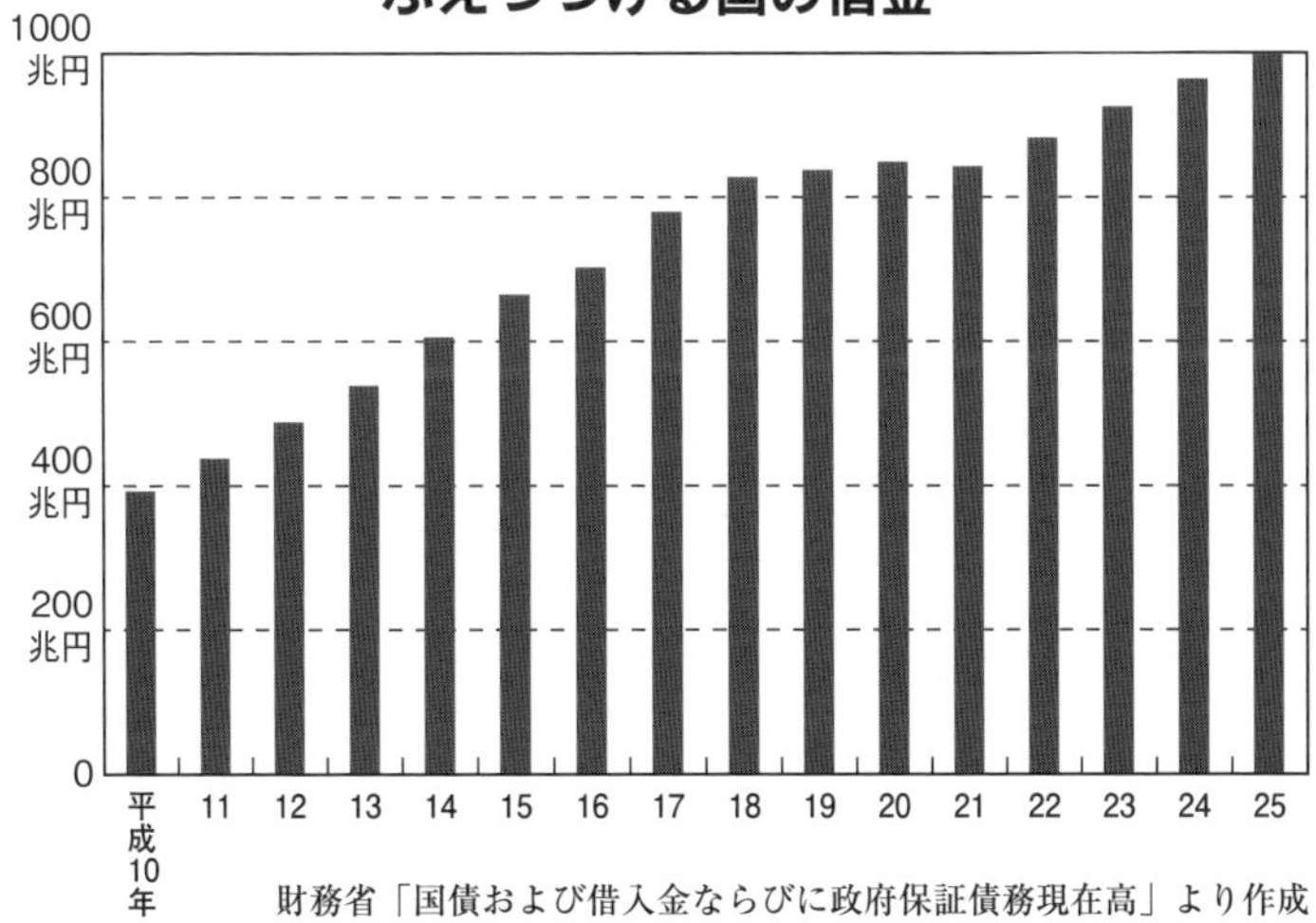

財務省「国債および借入金ならびに政府保証債務現在高」より作成

国債《こくさい》など、日本の政府《せいふ》の借金総額は約1,000兆円です。地方政府の借金を加えれば、1,200兆円にもなります。日本は世界一の借金大国のようです。ギリシャ、イタリア、スペインなども借金国であり、今や借金を返せそうにない状態《じょうたい》に追いこまれています。日本は世界一の借金大国なのに、それほど大さわぎしなくてすむのは、ほとんどの貸《か》し手が日本の銀行、企業《きぎょう》、個人《こじん》資産家だからです。借金の証書《しょうしょ》である国債を外国に売るはずがないと安心しているからです。でも最近《さいきん》では、南ヨーロッパ諸国《しょこく》の国債を売って、外国の銀行などが日本の国債を買い始めており、日本がギリシャと同じ国債の返済《へんさい》と利子《りし》のしはらいで国が破産《はさん》するかも、と心配する人が少なくありません。

景気《けいき》がいい、悪いってどういうこと?

モモコが言います。

「ねえ、この間、お父さんが、『景気が悪くて、困《こま》るなあ』って言ってたんだ。さっきも出てきたけど、景気って何? お金に関係《かんけい》あるんでしょ?」

「今度はそう来たか。たしかに景気というのは、お金に関係のあることだ」

「じゃあ、教えてよ」

モモコがゲンにせまります。

「わ、わかった。だんだん話がむずかしくなってきたが、ついてこられるかな?」

「だいじょうぶよ。今までのことだって、ちゃんとわかっているもん!」

「それは、ぼくの説明《せつめい》のしかたがいいからさ」ゲンがいばります。

「わたしがちゃんと聞いているからだよ!」

モモコも負けずにいばり、むねをはります。

「本当かなあ……？　とにかくこの調子で行こう。景気とはだなあ……」

　ゲンが思案《しあん》しています。

「そうだなあ、経済《けいざい》活動が活発かどうかを表すことばということで……」

「うーん、むずかしいよ。経済活動って？」

「ものやサービスを生み出し、それらを必要《ひつよう》なところに送り、消費《しょうひ》する活動だ。どれもお金が関係している」

「それが活発かどうかを表すのが景気……」

「そう。景気には、いいときと悪いときがある。いいときは、好景気《こうけいき》とか好《こう》況《きょう》とかいう。ぎゃくに悪いときは、不景気《ふけいき》とか不況《ふきょう》とかいう」

「あ、そうだ。お母さんも、『不景気だわねえ』って言ってた」

「好景気のときは、商品がよく売れ、会社のもうけがふえ、お金の流れがよくなる。すると仕事がふえ、失業者《しつぎょうしゃ》が少なくなり、ものを買う人がふえるので物価《ぶっか》が上がる」

「失業者《しつぎょうしゃ》ってなに？　物価《ぶっか》って？」

「はたらく意志《いし》があってもはたらき口のない人のことだ。商品がよく売れるので、会社ははたらき手がたくさん必要《ひつよう》になる。だから、失業者がへるんだ。物価とは、いろんなものの全体の値段《ねだん》だ」

「じゃあ、不景気《ふけいき》っていうのは……」

「商品があまり売れず、会社がもうからないので、失業者がふえる。そして、物価が下がる」

「失業者がふえるのはこまったことね」

「さて、景気というものは、良《よ》いときと悪いときがくり返される。これを景気変動《へんどう》という」

「どうしてくり返されるの？　あれ？」

いつのまにか、ゲンの手に、見たこともないような小さな機械《きかい》がのっています。

※景気の底：景気がいちばん悪くなった時点

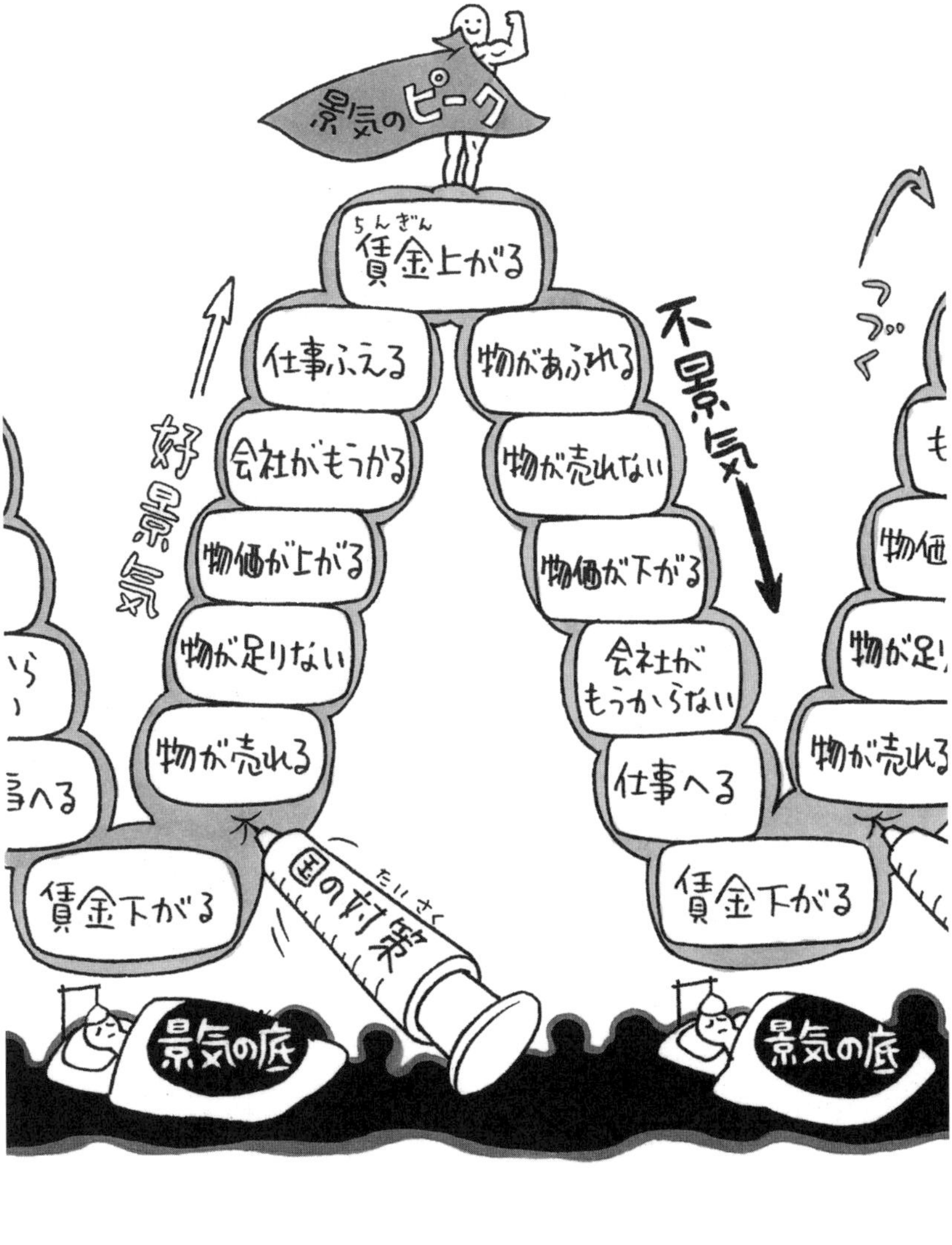

「何これ？　かっこいいんだけど！」

「携帯《けいたい》電話とパソコンの機能《きのう》を持った最新型《さいしんがた》の小型マシンだ。ゲーム機能も充実《じゅうじつ》している」

「わあ、そんなのがあるの？　ほしい！」

モモコが手をのばすと、その機械《きかい》は消えてしまいました。

「ああん、意地悪！」

「と、このように、新しい商品が登場すると、ほしくなる人がおおぜいいる」

「まあ、そうね」モモコがくやしそうに言います。

「その商品がたくさん売れて、景気《けいき》がよくなる。しかし……」

「どうなるの？」

「多くの人がその商品を手に入れてしまうと、その商品は売れなくなる」

「そうか、二台はいらないもんね」

「商品が売れなくなると、不景気《ふけいき》になる」

「あらら」

「しかし、よりすぐれた商品が開発されると、またその商品が売れるようになって、好景気《こうけいき》になる」

「わかった！　だから好景気と不景気がくり返されるのね」

「そういうことだ。それと……」

「なあに？」

「不景気のときや、景気が良《よ》すぎるときには、国がそれを調整することもある」

「どうやって？」

「ちょっとむずかしいが、さっき説明《せつめい》した、国が行う事業があったよね」

「ああ、道路や空港などをつくること？」

「そう。そういうのを公共《こうきょう》事業というんだが、不景気のときは、国が公共事業をふやす」

「わかった。そうすると、また仕事がふえるんだ」

「そう、そのとおり。ぎゃくに景気《けいき》がよすぎても物価《ぶっか》が上がりすぎてぎゃくにものが買えなくなってしまう。そんなときは公共《こうきょう》事業をへらす」

「そうやって景気を調整しているんだね」

金額《きんがく》がひくいのに「円高」

ゲンのおかげで、モモコのちしきは、ぐっと広がりました。

「ねえ、もうひとつ知りたいと思っていたことがあるんだけど…」

「なにかな?」

「テレビで、『円高』とか『円安』とかよく言っているよね」

「ほう」

「一ドルがいくらとか言っていたから、あれもお金に関係《かんけい》あるんでしょ」

「もちろんだ。それも知りたいようだね」

「うん」

ゲンが考えます。

「ようし、では……」

まわりの風景《ふうけい》が変《か》わります。気がつくと、モモコとゲンは、どこかの会社の応接室《おうせつ》にいます。ふかふかのソファに、日本人と外国人が向かい合ってすわっています。

「日本の会社とアメリカの会社の人

が、取引の相談をしているところだ。まずは、このやりとりを見てごらん」

アメリカ人が話し始めます。本当は英語《えいご》で話しているはずですが、ゲンの力のおかげか、モモコにもわかるように聞こえます。

「では、おたくの会社の自動車を、一万台買いましょう。一台は二万ドルですね」

「はい、それでけっこうです」

日本人が答えます。

「現在《げんざい》、一ドルはちょうど一〇〇円ですから、一台二〇〇万円ということになりますね」

日本人とアメリカ人は、にっこりとして、あく手をしました。

ゲンがモモコに言います。

「このように、外国との取引では、お金の単位《たんい》がちがうので、おたがいに、お金がいくらにあたるかを決めなければならない」

「そうだね」

「今の話にあったように、アメリカの一ドルは、日本の一〇〇円にあたるというようなことだ。だが、この額《がく》は、毎日、いや、こうしている間にも、どんどん変《か》わっているんだ」

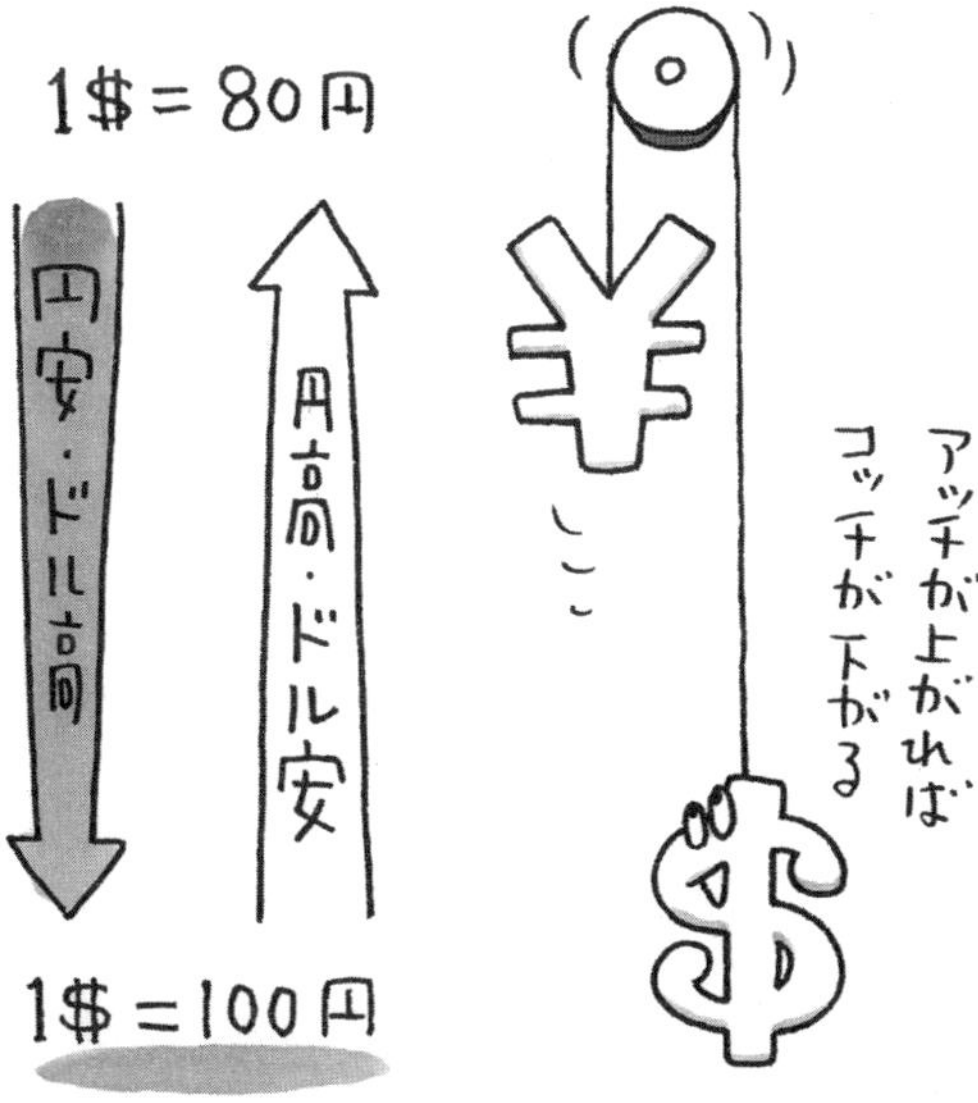

「へえ、不思議《ふしぎ》ね」
「たとえば、一ドル一〇〇円だったものが八〇円になるような場合を円高、一ドル一二〇円になるような場合を円安というんだ」
「待って、一ドル一〇〇円だったのが八〇円に下がったのに円が高いの？　どうして？」
「一ドルと交かんするのに一〇〇円

必要《ひつよう》だったものが、八〇円で交かんできるようになったわけだから、金額《きんがく》は下がっているが、円の『価値《かち》』が高まったっていうことなんだ。だから、これが円高ということだ」

「そうか、わかった」

「ぎゃくに円安は、一ドルと交かんするのに一二〇円必要になったってことで、円の価値がひくくなったってことなんだ」

「なっとく。円高・円安って、金額の上下とはぎゃくなんだね」

「じゃあ、また、二人のやりとりを見てごらん。前のときから、何日かすぎているよ」

日本人の顔が青ざめているようです。

「あれから、円高が進んで、一ドル八〇円になってしまいました。一台二万ドルだと、一六〇万円です。一台につき、四〇万円も安くなってしまいました。一万台では、四〇億円《おくえん》も売り上げが下がってしまいます」

円高・円安で輸出の取引はこう変《か》わる

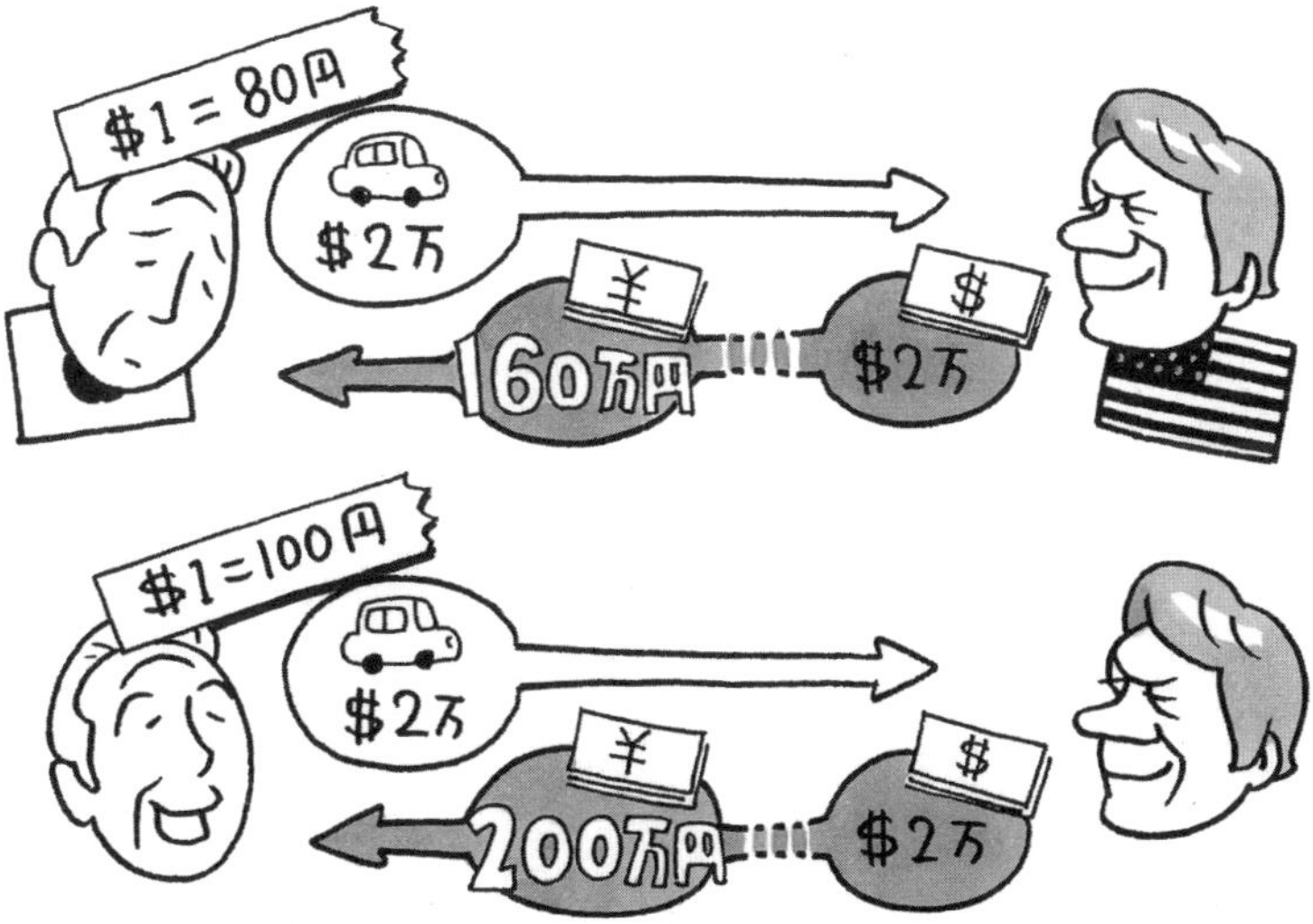

「そう言われても、ドルで考えれば前と同じ二万ドルです。円高のせいだから、しかたないでしょう」

「たしかにそうですが、わが社にとっては、たいへんなことなのです」

モモコが言います。

「ねえ、円高になると、日本の会社は苦しくなっちゃうの？」

「たしかに、苦しくなる会社もある。外国に製品《せいひん》を輸出《ゆしゅつ》している会社がそうだ」

「今のやりとりみたいに円高になると、同じものを売っているのに売り上げが下がっちゃうもんね」

「そう。輸出《ゆしゅつ》の多い会社は、円安になると自動的《じどうてき》に売り上げがふえる。ぎゃくに、輸入品をあつかう会社は、円高になると、輸入品の値段《ねだん》が下がって有利《ゆうり》だが、円安のときは、輸入品の値段が上がって、日本国内で売りにくくなってしまう」

「わかった。さっきの人もたいへんね」

モモコが目をやると、日本人のほうは、こまったような顔をしています。

「円高になるとたいへんでしょうけど、がんばってくださいね」

モモコが声をかけます。

まわりの光景《こうけい》が変《か》わり、もとの部屋にもどります。

「円の価値《かち》が上がる円高のときはいいことだってある。海外旅行に行くときは得《とく》をするんだ」

ゲンが言います。

「航空運賃《こうくううんちん》が安くなるし、旅行先のホテルや食事、買い物をするときも、必《ひつ》要《よう》なお金が少なくてすむんだよ」

「わあ、海外旅行に行きたい！　すてきなホテルで食事をしたり、街《まち》を歩いたり……」

「もう少し大きくなってからのほうがいいかもね。円高や円安のこともっとしっかり勉強してからかな」

「そうか、そういうときのためにも、お金のことをいろいろ勉強しておくといいんだね」

モモコがにっこりわらいます。

知ってる？

お金おもしろQ《キュー》&《アンド》A《エー》③

Q．日本で税《ぜい》の制度《せいど》が始まったのはいつごろ？

A．３世紀《せいき》ごろが最初《さいしょ》とされています

３世紀ごろの日本にあった邪馬台国《やまたいこく》では農作物を税金としておさめていたことが、中国の記録《きろく》（魏志倭人伝《ぎしわじんでん》）にのこっています。全国的な制度として定められたのは701年で、大宝律令《たいほうりつりょう》という法律《ほうりつ》の中で農作物や布《ぬの》、地方の特産《とくさん》品などをおさめるようになりました。

Q．変《か》わった税金ってあるの？

A．ポテトチップスにかけられる税金があります

東ヨーロッパのハンガリーでは、スナック菓子《がし》やアイスクリームなどに税金がかけられ、通称《つうしょう》“ポテトチップス税”とよばれています。砂糖《さとう》や塩《しお》を多くふくむ食品の食べすぎによる肥満《ひまん》をふせぐことが目的《もくてき》ですが、お菓子を作っている会社などからの反対意見も多いようです。

第四章

おこづかいの使い方

夢《ゆめ》という目標《もくひょう》に向かって計画的《てき》にお金を使う。お金は「夢」をかなえるための道具なのです。さいごにゲンは、おこづかい計画帳をつけることをすすめます。お母さん、会社、国も夢をかなえるために、おこづかい帳をつけています。

おこづかいは「家計《かけい》」の一部

「お金って、世の中のいろいろな場所を回っているんだね」

モモコがしみじみと言います。

「いろんなことがわかると、ますます興味《きょうみ》がわいてくるね」

「そして、また調べたり聞いたりして、ちしきをふやしていけばいいんだ」

「はい」

モモコがすなおに返事をしたので、ゲンはちょっとおどろいています。でも、モモコは、本当にそう思ったから、そう言っただけなのです。

「そうだ、大事なことをわすれていた。今までは銀行や税金《ぜいきん》など、大きなお金の流れを見てきた。このへんで身近なお金にもどってみよう。そもそも、ぼくがこうやってあらわれたのも、そのためなんだし……」

「何？　大事なことって？」

「おこづかいだよ。きみは、毎月おこづかいをもらっているようだけど」

「うん、今月から五〇〇円もらえるようになった。あ、そういえば、それってゲンのことじゃない！」

そう、いろいろな所に行っているうちにわすれていましたが、ゲンは、本当はモモコがお母さんからはじめてもらった五〇〇円玉なのです。

「そのおこづかいは、どこから来たものか、わかるかな？」

「は？」

モモコは、ちょっと思い出してみました。

「お母さんの財布《さいふ》の中から」

「その前は？」

「え？　知らない。そんなのお母さんに聞かなきゃわからないよ」

「そうかな？　家にあるお金は、もともと、どうやって手に入れたものか、わかるかい？」

ムダに使えない……
うわー
モモコのためなら
エーンヤコラ

「そりゃあ、お父さんとお母さんがはたらいたからもらったんでしょ」

モモコは、お母さんにおこづかいをもらったときに言われたことを思い出しました。お母さんは、モモコにおこづかいをわたすときに、

「はい、今月のおこづかいよ。お父さんとお母さんが、一生けん命はたらいてもらったお金だから、大切に使うのよ」

と言ったのです。

モモコは、ゲンにそう話しました。

「そう。家庭で、食事をしたり、洋

服を買ったりするには、かならずお金が必要《ひつよう》だ。旅行に行ったり、映画《えいが》を見に行ったりするにもお金がかかる」

「そうだね」

「そのお金を手に入れるために、お父さんやお母さんがはたらいているんだ。はたらくって、楽しいことややりがいもあるけど、つらいことやたいへんなこともあるんだよ」

「そういえば、お父さん、『会社ではいろいろ気をつかって、たいへんなんだぞ』ってよく言ってたなあ。どうしてたいへんなのか、よくわからないけど……」

「大人にはいろいろあるんだよ。まあ、それはともかく、家庭では、はたらいて収入《しゅうにゅう》をえる一方で、いろいろなものにお金を使っている。これを支出《ししゅつ》という。このように、家庭で行われている経済《けいざい》活動を、家計《かけい》というんだ。あつかうお金の額《がく》はまったくちがうけど、支出と収入があるところは国や会社と

月収入¥300,000
使える¥240,000
必要
本日計
予算
食費 2,080 30,000
住居費 100,000 100,000
水道,光熱 30,000
教育 40,000
通信 17,000
生命保険 20,000
計 122,080
雑費 5720
外食 3600
際費
パパこづかい 30,000
貯蓄→30,000→20,0
必要《ひつよう》な分の使い道をまず決めて
あまれば趣味《しゅみ》や娯楽に回してもいいけど
貯金《ちょきん》もしたいし旅行資金《しきん》も作りたい
ボクのこづかいは必要な分に入れてよ
服も買ってよ〜
赤字はさけたいんだけど…

同じなんだ」
「家計？　そういえば、お母さん、家計簿をつけているけど、その『家計』ね」
「ああ、そうだ。家計の支出にはどんなものがあるか、わかるかな？」
「家で使っているお金ってことだよね。えーと、まず、食事のためのお金でしょ。それから、ガス代、電気料金《りょうきん》、電話代。それから、そうだ、水道代も

家計簿《かけいぼ》の主な支出《ししゅつ》の種類《しゅるい》

食費《しょくひ》
お店で買った食材《ざい》やレストランで食べた代金。お菓子《かし》やお酒など。

被服費《ひふく》
洋服や下着、くつなど身につけるもの。クリーニング代もふくみます。

住居費《じゅうきょ》
家賃《やちん》、家のローン、駐車場《ちゅうしゃじょう》代。家の修《しゅう》理《り》費などもふくまれます。

教育費
塾、ピアノやスポーツなどの習い事にかかる授業《じゅぎょう》料、教材費など。

水道・光熱《こうねつ》費
電気、ガス、灯油などエネルギーに使うお金。水道料金もふくみます。

教養《きょうよう》・娯楽《ごらく》費
旅行や遊園地や映《えい》画など遊びに行ったときのお金。まんがや本など。

交通・通信《つうしん》費
電車賃や自動車の修理《しゅうり》やガソリン代、電話料金やインターネット代など。

そのほか
家族のおこづかい、お祝《いわ》い金、仕送りなど、そのほかのお金。

かかってるはずね」

「調子よく出てくるじゃないか。ほかにも言えるかな？」

「えーと、洋服を買うのも支出《ししゅつ》だよね」

「そう、被服費《ひふくひ》という。それに、大事なものをわすれているぞ」

「え、なんだろう。わかんないなあ」

「人間の生活にかかせないのが衣食住《いしょくじゅう》だ。すると……」

「あ、わかった。住だ。毎月、住宅《じゅうたく》ローンをはらっているんだよね」

「そう、住まいのためのお金は住居費《じゅうきょ》という。ほかにも支出には、教育費、医療費《いりょう》、交通費、教養《きょうよう》・娯楽費《ごらく》、通信費《つうしん》などがある。ふつうは、収入《しゅうにゅう》の範囲《はんい》内でやりくりするものだ。そして、あまったお金は銀行などに預《あず》けることが多い。これを貯蓄《ちょちく》という。つまり貯金のことだな」

「お母さん、なかなか貯金がふえないって言ってた」

「さあて、話をもとにもどそう。おこづかいを使うときも、よく考えて使わなければならない」

「たくさんの使い道の中から〝おこづかい〟としてとっておいてくれたお金だもんね。わかりました」

モモコがしみじみと言います。

夢《ゆめ》をかなえるためのお金

モモコが何か、じっと考えています。

ゲンは、だまってそのようすを見ています。ようやく、モモコが口を開きました。

「わたし、ゲンに言われて、今まで自分がおこづかいをどんなふうに使っていたかなあって、思い出してみたの」

ゲンは、やはりだまって聞いています。

「あまりよく考えないで使っていたような気がする。ちょっとかわいいペンがあると、つい買ってしまったり…。まだ書けるペンがあるのに」

「もらってすぐなのに、おこづかいがなくなってしまったこともあるんじゃないかな?」

モモコは、小さな声で言います。

「そう。……ある。わたしのおこづかいなんだからいいじゃない」

「でも、お金をどう使うかは、これから、きみが生きていく上で、とても大事なことなんだよ」

「……………」

「これから生きていく中で、どんなときにお金が必要《ひつよう》になるか、考えたことはあるかい?」

モモコは、ちょっとびっくりしました。「生きる」という言葉と「お金」

ということばが関係《かんけい》あるなんて思ったことがなかったからです。

「考えたことはないようだね」

「うん。ない」

「さっき、家計《かけい》での支出《ししゅつ》には、どんなものがあるかを考えてみたね。くらしていく中では、衣食住《いしょくじゅう》のように、かならずかかるお金のほかに、まとまってお金が必要になることもあるんだ」

「どんなとき?」

「たとえば、将来《しょうらい》、結婚《けっこん》して家庭を持つと、家を買ったり、出産《しゅっさん》したりするかもしれないよね」

「そうだね」

「そういうときにもお金が必要だ。そのほかにも、病気になって入院したり
……」

「やだ」

「災害《さいがい》にあうかもしれない」

「えー、考えたくないなあ」

「たしかにそうだ。でも、絶対《ぜったい》に起こらないとは言えないんだよ」

「うーん、そうだよね」

「そういうトラブルにそなえるためにも、お金をためておくことが大切だ」

「はい」モモコはすなおにうなずきました。

「そのためには、計画を立てて、お金を大切に使うようにしなくてはいけないんだよ」

ゲンがつづけます。

「モモコは、どんな夢《ゆめ》を持っているんだい？」

「夢？」

「そう、どんな仕事につきたいとか。どんなふうにくらしたいとか……」

意外なことを聞かれたモモコは、ちょっと考えます。

「わたし、絵をかくのが好《す》きだから、そういう仕事をしてみたい。まんが家さんとかがいいな」

「いいじゃないか。そのためには、絵の勉強をしたり、いろいろなちしきを身につけたりすることが大事だね」

「そうだよねえ」

「学校に行くこともあるだろうから、お金がかかる。道具だって買わないといけない。それに、すぐにじゅうぶんなお金をえられるようにはならないかもしれないから、少ないお金でやりくりしなければならなくなるかもしれない」

「まんが家さんも、いろいろきびしいらしいからね」

「自分の夢をかなえるためにも、これから、どんなときに、どれくらいお金が必要《ひつよう》になるかをよく考えておくことが大事だよ」

モモコは、何かに気づいたようです。

「わたし、夢をかなえたい。だから、お金のこともしっかり考える」

おこづかい帳をつけてみよう

モモコの顔がきりりとしています。

「ゲン、お金のことをしっかり考えるには、どうしたらいいの？」

「今、おこづかい帳はつけているかな？」

「おこづかい帳？　つけてない。めんどくさそうだし…」

「お金を計画的《てき》に使うためには、まず、自分がいつ、何に、どれくらいお金を使っているかを知ることが大切なんだ。それを知るためにも、おこづかい帳をつけなきゃ」

「わかった。つけてみる。……でも、どんなふうにつけたらいいのかなあ」

ゲンが、手をひらりとふります。すると、その手に、一さつのノートがあらわれました。表に、「おこづかい計画帳」と書いてあります。

「おこづかい帳の見本だ」

「わあ、見せて！」

モモコは、おこづかい帳を手にとり、中を見ます。開いたところには、左上に、「4月」と書いてあります。そして、日づけ、実際《じっさい》のお金の動き、残《ざん》高《だか》のらんが、表になっています。収入《しゅうにゅう》（もらったお金）のらんには、もらったおこづかいが、また、支出《ししゅつ》（使ったお金）のらんには、いつ、何に、いくら使ったかが書かれています。残高のらんには、前月からのこっている金額《きんがく》を書きます。

「これなら、今いくらのこっているか、よくわかるね。それに、何にどれくらい使ったかもわかりやすい」

モモコは、おこづかい帳の下のほうを見ます。その月の収入と支出、それぞれの合計金額を書くらんがあります。

「ここを見ると、全体のことがわかるんだね。この月は、収入が五〇〇〇円で、支出が四二〇〇円。八〇〇円のこったから、次の月にくりこした※ってことね」

※くりこす…次に送ること

「そう。毎日、何にいくら使ったのかを書くと、今、自分がいくら持っているのかもよくわかるだろう。それに、何かほしいものがあって、お金をためるときは、毎月いくらためておけばいいのかもわかりやすい。お父さんやお母さんに見てもらって感想を書いてもらうのもいい。そのほかにも、レシートをはりつけたり感想を書いておいたりすれば、日記のようにも使える」

「なるほど。べんりね」

「さっき話した、夢《ゆめ》をかなえるために、お金のことをよく考えるってことも、おこづかい帳をきちんとつけることと同じことなんだ」

「え？　そうなの？」

モモコは、ゲンのことばに、ぴんとこないようです。

「ぼくが提案《ていあん》する『おこづかい計画帳』はお金を使う前に予定を書きこめるようになっている。つまり、計画的《てき》にお金を使うことができるんだ。まずはそれ三か月ぐらい先まで、買いたいものの計画を立ててみるといいだろう。それ

おこづかい計画帳の例《れい》

今あるお金は？

前月の残高

現金　　円 ＋ 貯金　　円 ＝ 　　円

お金を使う計画

何に使う？	値段は いくらぐらい？	どっちかな？ どうしても必要なもの	ほしいもの

★ほしいものには、ほしい順番をつけておこう！

目標

今月入ったお金

日	なぜお金が 入ってきた？	金額
合計		

今月出たお金

日	何に お金を使った？	金額	どっちかな？ どうしても必要なもの	ほしかったもの
合計				

今月をふりかえろう！

前月の残高		今月入ったお金		今月出たお金		残りはいくらかな？
円	＋	円	−	円	＝	円

今月の感想

おうちの人の感想

がどうしても必要《ひつよう》なものか、ほしいけどなくてもいいものかを考えることも大切だ。

同じように、夢《ゆめ》をかなえるために、これから自分がどんなふうに生きていくかを考えるときにも、いつどんなことをすればよいのかを考えるんだ。そして、そのときに、お金がいくらくらいかかるかも考えなければならない。それにそなえて、貯金《ちょきん》をしたり、銀行から借《か》り入れをしたりという計画を立てていく必要があるんだ」

「そうか、わかった。おこづかい帳をつけるってことは、夢《ゆめ》をかなえるための第一歩なのね」

モモコは、晴れやかな顔をしています。そして、その目はきらきらとかがやいています。

おこづかい帳でわかること
将《しょう》来《らい》の計画が立てられる
毎月少しのおこづかいでも
計画的《てき》にためればいつか・・・・
!?
ムダがわかる
コレ、ムダだったな〜
金《きん》銭《せん》感《かん》覚《かく》がつく
高いでしょ!
一コ五千円
予算の範《はん》囲《い》でやりくりを努《ど》力《りょく》する
500円で りんごあめか 金魚すくいか わたあめか・・・・・
あ〜
日記がわりになる
去年も同じ日にアイス買ってる!
おー

ゲンが言います。

「さてと、そろそろぼくの役目は終わったかな。モモコもお金が大切だってことがわかったみたいだし……。もとのすがたにもどることにしよう」

急にそんなことを言われたものですから、モモコはびっくりしてしまいました。ゲンとおわかれかと思うと、さびしくなってしまったのです。

「待って、ゲン。まだ知りたいことがある」

そのとき、下のほうから声が聞こえてきました。

「モモコ、いる？　お菓子《かし》買ってきたわよ。だれか来てるの？　お友だち？」

いつの間にか、お母さんが買い物から帰ってきたようです。モモコとゲンの話す声が聞こえていたようです。

お母さんが、階段《かいだん》を上がってくる音が聞こえます。そしてモモコの部屋に入ってくるでしょう。

「たいへん、お母さんが来る」

お母さんがゲンを見たらきっとびっくりするでしょう。変《へん》な子がいると思うでしょう。本当は、五〇〇円玉なんだよ、わたしにいろんなことを教えてくれたんだよと、いくら説明《せつめい》しても信《しん》じてくれないでしょう。

モモコの頭の中を、いろんなことがかけめぐりました。そして、ここは、お母さんを部屋に入れないようにしなければならないと思いました。

でも、モモコの部屋は、かぎをかけられません。

お母さんは、階段をのぼり切ったようです。もう何歩かで、モモコの部屋の前まで来てしまうはずです。

「モモコ、返事しなさいよ。いないの？」

なんとか言いわけを考えないと……。モモコは、部屋のドアに向かいました。

小声で、ゲンに「ひきだしかどこかにかくれて！」と言いながら。

と同時に、ドアのノブがカチャッと回り、ドアがすうっと開きました。

お母さんがドアの前に立っています。

ちょうど立ち上がったモモコと目が合います。お母さんが立っている位置《いち》からは、部屋の中がよく見えます。

モモコは、心の中で、「だめだ、ゲンが見つかっちゃった」と思いました。

「なあんだ。いたんじゃない。お菓子《かし》食べるでしょ」

お母さんは、ふだんと変《か》わらない口調で、そう言いながら部屋に入ってきました。

「あら？」

モモコはどきっとしました。

「だめじゃない。ちゃんとしまっておきなさいって言ったでしょ」

モモコがおそるおそる後ろを見ると……。つくえの上に、ぴかぴかの五〇〇円玉がのっています。そして、五〇〇円玉は、まどからの光を受けて、キラリと光りました。

エピローグ

その夜、モモコは、自分の部屋でつくえの前にすわっていました。

あれからお母さんが買ってきたお菓子《かし》を食べ、夕食を食べ、おふろに入り……。その間も、ずっとゲンとの旅を考えていました。

「あれは、本当のことだったのかなあ」

自分でも気づかない間にうたたねをして夢《ゆめ》を見ていたのかもしれない。そんなふうにも思いました。でも、夢にしては、いろいろなできごとがはっきりしすぎていました。

「ゲンに、ちゃんとおわかれを言えなかったな」

モモコは、ひきだしに入れておいた小ぜに入れを出し、その中から五〇〇円玉を出すと、手のひらにのせてみました。

「ねえ、ゲン。また出てきてよ」

そうよびかけましたが、返事は返ってきません。

モモコは、五〇〇円玉をおくと、本だなからノートを取り出し、つくえの上におきました。おこづかい帳をつけるために、新しくノートを買おうかと思ったのですが、ゲンに変《へん》身《しん》していた五〇〇円玉を使うのがおしくて、前に買ってあったノートを使うことにしたのです。

モモコは、ノートの表に、「おこづかい帳」「モモコ」と大きく書きました。

そして、「おこづかい帳」という文字の上に、「夢《ゆめ》をかなえるための」と書きくわえました。

ノートを開こうとしたとき……。

「がんばってね。五〇〇円玉を見たら、ぼくを思い出してね」

ささやくような声が聞こえた気がしました。

そして、つくえの上においてあった五〇〇円玉が、またキラリと光ったように見えました。

おわりに

わたしたちの毎日の生活は、お金の流れそのものなのです。そのことをたとえて、「お金は経済《けいざい》の血液《けつえき》」だといわれます。人間の身体でも、血液がサラサラと流れていることが、健康《けんこう》の条件《じょうけん》のひとつです。経済が健康であるためにも、お金の流れがスムーズでなければなりません。ものを作る会社、それを売る小売店、会社と小売店のなか立ちをする問屋《とんや》、ものを買う家計、あまったお金を預《あず》かり、お金の足りない人や会社にお金を貸《か》す銀行、税金《ぜいきん》を集めて、消防士《しょうぼうし》、警官《けいかん》、学校の先生の給与《きゅうよ》をはらったり、道路や橋をこしらえたりする政府《せいふ》。経済にはとても多くの人の活動が関係《かんけい》しています。それらの間を、お金がどのようにして動き回るのかを見てきました。

景気《けいき》の良《よ》しあしとはどういうことなのかについても学びました。みなさんが本を読み終えて「経済っておもしろい」と思ってくだされば、この本を書いたわたしとしてはとてもうれしいです。

さいごに言いたいのは、次のことです。将来、みなさんは仕事をして、お金をかせぎ、子どもを育て、幸せで楽しい人生を送りたいと考えていますよね。「幸せ」という「夢《ゆめ》」をかなえるために、かせいだお金を使うのです。将来《しょうらい》、大きな夢をかなえるには、お金を銀行に預《あず》けたり、株式《かぶしき》を買ったりして、お金をためておかねばなりません。

今の楽しみのために、今すぐお金を使うのがいいのか、将来の夢のためにお金をためておくのか、それはあなたが決めることなのです。お金をじょうずに使うことが、あなたの人生を幸せにするのです。ぎゃくに、へたに使えば、人生は不幸になります。みなさんが幸せな人生を送れるよう、みなさんがじょうずなお金の使い手となれるよう、心よりわたしはねがっています。

泉《いずみ》 美智子《みちこ》

500円玉の旅　キーワード解説《かいせつ》

流通《りゅうつう》

（51ページ）

商品が買う人のところにとどくまでの道のり。生産者、卸売業《おろしうりぎょう》、小売業、倉庫《そうこ》、運送会社などがふくまれています。

貨幣制度《かへいせいど》

（34ページ）

国家がお金を定めて作り、勝手に作れないようにしたこと。それ以《い》前《ぜん》は貝や砂金などがお金としてかぎられた地域《ちいき》で使われていました。

株式《かぶしき》

（64ページ）

会社を運営するお金を多くの人から集めるために発行するもの。買った人（株主）は会社の業績《ぎょうせき》によって配当金をもらえます。

需要《じゅよう》と供給《きょうきゅう》

（58ページ）

ほしい人が買おうとする量《りょう》が需要、ものを作った人が売ろうとする量が供給です。ものの値段《ねだん》は二つのバランスによって決まります。

融資《ゆうし》

（71ページ）

銀行などから会社や個人《こじん》がお金を借りること。また借りたお金そのものを指すこともあります。

利子《りし》

（69ページ）

お金を借《か》りたがわが、貸《か》したがわに一定の割合《わりあい》で手数料《てすうりょう》としてはらうお金。お金の貸し借りが活発に行われるのは利子があるおかげです。

国債《こくさい》

（80ページ）

政府が収入《しゅうにゅう》をこえて支出《ししゅつ》した分をおぎなうために発行する、国の借金《しゃっきん》の証書《しょうしょ》。利子もつきます。市町村などが発行する「公債」もあります。

通貨《つうか》

（78ページ）

世の中に出回っているお金。通貨の量《りょう》は経済《けいざい》に大きな影響《えいきょう》をあたえます。広い意味で「現在《げんざい》使われているお金」をさすこともあります。

消費《しょうひ》

（88ページ）

流通のさいごの段階《だんかい》で、物を買ったりサービスを受けたりしてお金を使うことです。消費をする人を消費者といい、わたしたちもふくまれます。

赤字

（80ページ）

支出が収入をこえたときを赤字といい、貯金《ちょきん》や借金《しゃっきん》でうめ合わせる必要《ひつよう》があります。そのぎゃくは黒字といいます。

失業者《しつぎょうしゃ》

（100ページ）

はたらく意欲はあるのに、会社にやとう余裕《よゆう》がなくてはたらき口がない人のこと。失業者の数は経済の状態《じょうたい》をしめすものさしのひとつです。

景気《けいき》

（99ページ）

経済が活発かどうかを表すことば。良《よ》いときは好景気、悪いときは不景気といい、この二つが交互《こうご》にくり返されます。

公共事業《こうきょうじぎょう》

（103ページ）

道路や空港をつくったり直したりする、国または自治体が行う事業。民間の仕事がふえるので、不景気のときによく行われます。

物価《ぶっか》

（100ページ）

もの全体の値段《ねだん》の動きをしめしていて、わたしたちの生活に影響《えいきょう》があります。失業者と同じように、経済の状態をしめすものさしです。

家計《かけい》

（117ページ）

家庭でのお金のやりくり。給料《きゅうりょう》などでえた収入と、お金の使い道をしめす支出からなり立ちます。これを記入するのが家計簿《かけいぼ》です。

円高・円安

（104ページ）

日本の円を外国のお金と交かんするときの比率《ひりつ》の動き。円の価値が上がることを円高、下がることを円安といいます。

お金の博物館《はくぶつかん》に行ってみよう

●日本銀行金融《きんゆう》研究所 貨幣《かへい》博物館

日本の貨幣の歴史《れきし》をわかりやすく学べます。とくにアジアの貨幣のコレクションは世界的にみても充実《じゅうじつ》しています。

〒103-0021 東京都中央区日本橋本石町1－3－1

ホームページ：http://www.imes.boj.or.jp/cm/

●独立《どくりつ》行政法人国立印刷《いんさつ》局 お札《さつ》と切手の博物館

明治時代以前のお札や外国のお札などが豊富に展示《てんじ》され、偽造《ぎぞう》防止技術《ぼうしぎじゅつ》や切手の歴史なども紹介《しょうかい》されています。

〒114-0002 東京都北区王子１丁目６－１

ホームページ：http://www.npb.go.jp/ja/museum/

●独立行政法人造幣局 造幣博物館

本物の金や銀のかたまりにさわれるコーナーがあります。貨幣を作っている工場も見学できます。（予約《よやく》が必要《ひつよう》）

〒530-0043　大阪市北区天満１－１－79

ホームページ：http://www.mint.go.jp/plant/museum.html

●三菱東京ＵＦＪ銀行 貨幣資料《しりょう》館

世界最大の金貨、天正大判《おおばん》をはじめ、めずらしい貨幣約１万点がそろっています。１億《おく》円の重さも体験《たいけん》できます。

〒461-0026　名古屋市東区赤塚町25番地

ホームページ：http://www.bk.mufg.jp/minasama/kakawari/gallery

●三潴《みずま》銀行記念館 九州貨幣博物館

大判、小判《こばん》をはじめとしたコレクションにくわえ、野球のイチロー選手が印刷されたドル札なども見られます。

〒831-0005福岡県大川市向島2367

ホームページ：http://www.mizumabank.jp/hakubutsukan/

●日本銀行旧小樽支店《おたるしてん》 金融資料館

日本銀行の金融政策《せいさく》などがわかりやすく解説《かいせつ》されています。金庫の中に入れるコーナーもあります。

北海道小樽市色内１－11－16

ホームページ：http://www3.boj.or.jp/otaru-m/

著　者　泉美智子《いずみ みちこ》

鳥取環境大学准教授、ファイナンシャル・プランナー、「子どもの経済教育研究室」代表。全国で金銭・経済教育をテーマに講演活動を行うかたわら、経済に関する児童書を多数執筆。児童文学者協会会員。著書に『はじめまして！ 10歳からの経済学』ゆまに書房 刊、『調べてみようお金の動き』岩波書店 刊 など。

※本書の内容は2014年４月15日現在の情報をもとにしています。

イラスト　サトウナオミ

装　　丁　中村光宏

協　　力　㈲大悠社

500円玉の旅

―お金の動きがわかる本―

2012年７月25日　初版第１刷発行　2014年５月20日　第３刷発行

著　者　泉 美智子

発行人　松本 恒

発行所　株式会社 少年写真新聞社

〒102-8232　東京都千代田区九段南４-７-16 市ヶ谷ＫＴビルＩ

Tel（03）3264-2624　Fax（03）5276-7785

http://www.schoolpress.co.jp

印刷所　図書印刷株式会社

ISBN 978-4-87981-430-2　C8095 NDC916

ちしきのもり

みんなが知りたい 放射線の話

谷川勝至 文

放射線について科学的に説明しています。放射線を正しく知れば、身を守る方法もわかります。

知ろう！ 再生可能エネルギー

馬上丈司 文　倉阪秀史 監修

「再生可能エネルギー」とはどんなもの？　なぜ今注目を集めているのかな？　答えは全部この一冊にあります。

巨大地震をほり起こす

大地の警告を読みとくぼくたちの研究

宍倉正展 文

大地に残されたこんせきから、くり返し起こる巨大地震の大きさと次に来る時期を予測する研究を紹介します。

はじめまして モグラくん

なぞにつつまれた小さなほ乳類

川田伸一郎 文

モグラの生態にはなぞがいっぱい。体のしくみやくらし方、新種の発見まで、世界的な研究者が教えてくれます。

大天狗先生の㊙妖怪学入門

富安陽子 文

「妖怪」って一体何？　いつ、どこから来たの？　長い歴史の中で人間とどう関わってきたのかを解く妖怪学の入門書。

町工場のものづくり

―生きて、働いて、考える―

小関智弘 文

旋盤工として働きながら、日本のものづくりのすごさを伝え続けてきた著者が伝える、子どもたちへのメッセージ。

以下、続刊

意《い》思《し》決《けっ》定《てい》の木

何かを買おうと思ったとき、どうすればよいのか、まよったことはないでしょうか？　そんなときはこの「意思決定の木（デシジョンツリー）」を使って、一番よい方法《ほうほう》を考えてみましょう。

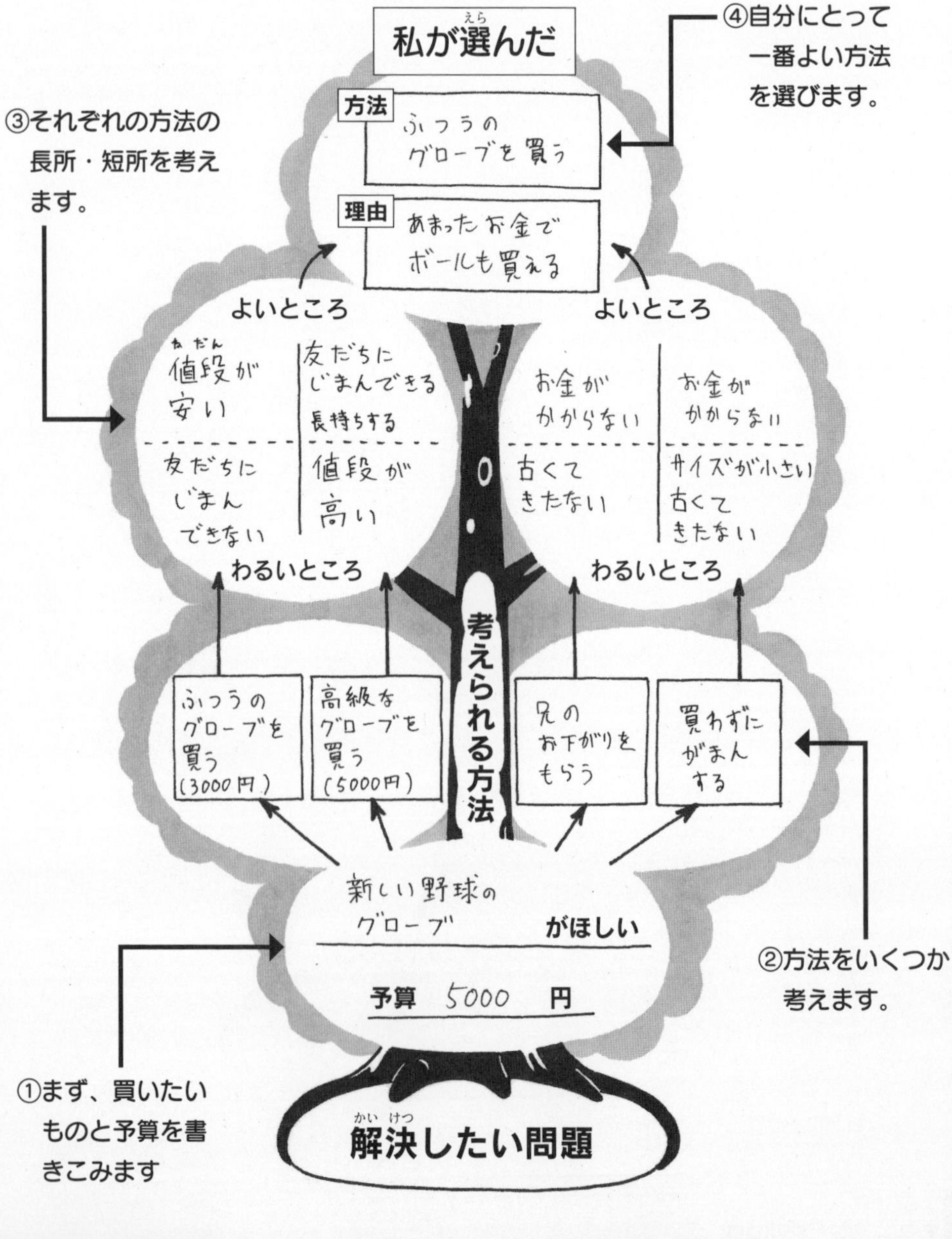

私が選《えら》んだ
方法
ふつうのグローブを買う
理由
あまったお金でボールも買える
④自分にとって一番よい方法を選びます。
③それぞれの方法の長所・短所を考えます。
よいところ
値段《ねだん》が安い
友だちにじまんできる
長持ちする
友だちにじまんできない
値段が高い
よいところ
お金がかからない
お金がかからない
古くてきたない
サイズが小さい
古くてきたない
わるいところ
わるいところ
考えられる方法
ふつうのグローブを買う（3000円）
高級なグローブを買う（5000円）
兄のお下がりをもらう
買わずにがまんする
②方法をいくつか考えます。
新しい野球のグローブ　がほしい
予算　5000　円
①まず、買いたいものと予算を書きこみます
解決《かいけつ》したい問題